A você, que vai entrar agora nesta linda e reveladora psicografia, desejo muita luz, paz, amor e felicidade. Que as linhas por mim escritas lhe ajudem em sua jornada evolutiva.

São meus sinceros votos,

Cinco Dias no Umbral

O Resgate

OSMAR BARBOSA

PELO ESPÍRITO DE NINA BRESTONINI

Cinco Dias no Umbral
O Resgate

Book Espírita Editora
5ª Edição
| Rio de Janeiro | 2020 |

OSMAR BARBOSA

Pelo Espírito de Nina Brestonini

BOOK ESPÍRITA EDITORA

ISBN: 978-85-92620-04-2

Capa
Marco Mancen

Projeto Gráfico e Diagramação
Marco Mancen Design Studio

Ilustrações do miolo e personagens da capa
Manoela Costa

Revisão
Josias A. de Andrade

Marketing e Comercial
Michelle Santos

Pedidos de Livros e Contato Editorial
comercial@bookespirita.com.br

Copyright © 2020 by
BOOK ESPÍRITA EDITORA
Região Oceânica, Niterói, Rio de Janeiro.

5ª edição
Prefixo Editorial: 92620
Impresso no Brasil

Todos os direitos reservados e protegidos pela Lei 9.610, de 19/02/1998. Nenhuma parte deste livro pode ser reproduzida ou transmitida por quaisquer formas ou meios eletrônicos ou mecânicos, incluindo fotocópia, gravação, digitação, entre outros, sem permissão expressa, por escrito, dos editores.

Outros livros psicografados por Osmar Barbosa

Cinco Dias no Umbral

Gitano - As Vidas do Cigano Rodrigo

O Guardião da Luz

Orai & Vigiai

Colônia Espiritual Amor e Caridade

Ondas da Vida

Antes que a Morte nos Separe

Além do Ser - A História de um Suicida

A Batalha dos Iluminados

Joana D'Arc - O Amor Venceu

Eu Sou Exu

500 Almas

Entre nossas Vidas

O Amanhã nos Pertence

O Lado Azul da Vida

Mãe,Voltei!

Depois...

O Lado Oculto da Vida

Entrevista com Espíritos - Os Bastidores
do Centro Espírita

Colônia Espiritual Amor e Caridade - Dias de Luz

O Médico de Deus

Amigo Fiel

Impuros - A Legião de Exus

Vinde à Mim

Autismo - A escolha de Nicolas

Parafraseando Chico Xavier

Cinco Dias no Umbral - O Perdão

Acordei no Umbral

A Rosa do Cairo

Deixe-me Nascer

Agradecimento

Agradeço, primeiramente, a Deus por ter me concedido esse verdadeiro privilégio de servir humildemente como um mero instrumento dos planos superiores.

Agradeço a Jesus Cristo, espírito modelo, por guiar, conduzir e inspirar meus passos nessa desafiadora jornada terrena.

Agradeço a Nina Brestonini e aos demais espíritos ao lado dos quais tive a honra e o privilégio de passar alguns dias psicografando este livro. Agradeço ainda pela oportunidade e por permitirem que essas humildes palavras, registradas neste livro, ajudem as pessoas a refletirem sobre suas atitudes, evoluindo.

Agradeço ainda a minha família, pela cumplicidade, compreensão e dedicação. Sem vocês ao meu lado, me dando todo tipo de suporte, nada disso seria possível.

E agradeço a você, leitor amigo, que comprou este livro e com sua colaboração nos ajudará a levar a Doutrina Espírita e todos os seus benefícios e ensinamentos para mais e mais pessoas.

Obrigado.

A todos, os meus mais sinceros agradecimentos.

Osmar Barbosa

Recomendamos a leitura de outras obras psicografadas por Osmar Barbosa para melhor familiarização com os personagens deste livro.

O Editor

Conheça um pouco mais de Osmar Barbosa:

www.osmarbarbosa.com.br

*"A missão do médium é o livro.
O livro é chuva que fertiliza lavouras imensas,
alcançando milhões de almas."*

Emmanuel

Sumário

19 | APRESENTAÇÃO

23 | NINA BRESTONINI, POR NINA

33 | O UMBRAL

45 | COLÔNIA ESPIRITUAL AMOR & CARIDADE

67 | A MISSÃO

83 | **DIA 1**

111 | **DIA 2**

121 | DESILUSÃO

133 | **DIA 3**

153 | SORAYA

159 | O RESGATE

165 | EDUCANDÁRIO

187 | **DIA 4**

207 | AS TREVAS

217 | NOITE DE TORMENTOS

241 | **DIA 5**

249 | A EXCELSA SABEDORIA

OSMAR BARBOSA

Apresentação

Amigo leitor,

Passado algum tempo após a publicação de *Cinco Dias no Umbral*, recebo a visita de Nina. Ela me convida a escrever a volta da missão ao Umbral.

Surpreso e feliz, recebi estas linhas com o coração apertado, na certeza de que Yara tem agora sua chance de evoluir junto a seu filho Felipe na Colônia Espiritual Amor & Caridade. Não querendo questionar Nina, segui escrevendo da forma em que me era relatada a história, e para minha surpresa vi quão nobre é a missão deste grupo de espíritos, que estão unidos com um objetivo único: *"A BUSCA DA PERFEIÇÃO POR MEIO DAS PROVAS"*.

Em cada linha, em cada pequeno caso, fico surpreso e feliz. Eu consegui entrar diretamente na história, me envolvendo totalmente; cheguei até a viver por alguns minutos esta divina experiência. Coisa de médium. Eu me aproximei ainda mais do meu mentor espiritual, afinal o livro *Cinco Dias no Umbral* foi o primeiro livro que psicografei e logo depois me deparei com uma linda história no livro *Gitano* –

As Vidas do Cigano Rodrigo e foi ali que comecei a compreender a relação de Nina, Felipe e Rodrigo. Após este livro recebi com muita emoção o livro *Colônia Espiritual Amor & Caridade*, onde pude compreender e aprender um pouco mais sobre a colônia em que eles vivem. Logo a seguir recebi o livro *O Guardião da Luz*, onde conheci a fascinante História do Caboclo Ventania, ele mesmo, esse índio que está em quase todos os livros por mim psicografados sempre cuidando da segurança dos amigos iluminados. Em seguida psicografei o livro *Joana D'Arc – O Amor Venceu*. Que surpresa maravilhosa quando pude conhecer a história de Valéria e Porfírio. Logo em seguida psicografei *Ondas da Vida*, neste livro pude ver o amor que Nina e Felipe sentem um pelo outro. Logo depois recebi o livro *Antes que a Morte nos Separe*. Nesta obra novamente Nina, Rodrigo e Felipe se mostram como guardiões, ou melhor, mentores espirituais do menino Ernani que você vai conhecer neste livro. E para minha surpresa tive o privilégio de psicografar *A Batalha dos Iluminados*, onde eu pude compreender um pouco mais de tudo o que está acontecendo ao nosso redor na atualidade. Logo depois publicamos o livro *Além do Ser – A história de um suicida*, eu me emocionei muito com este livro. Em seguida recebi *500 almas*. Nesta obra eu vi como Nina é especial para Daniel. Pude ver a responsabilidade destes iluminados com crianças em um terremoto. Em seguida psicografei o livro *Entre Nossas Vidas* e mais uma vez Nina, Felipe e Rodrigo se dedicam a ajudar uma família muito sofrida. Sem falar que no livro *Eu sou Exu* pude conhecer um espírito que muito me é familiar. Enfim os livros não param por aí. Ainda tenho psicografado algumas outras histórias de superação, aprendizado e amor. E prometo que vou contar todas elas para você.

A cada página que psicografo eu me aproximo ainda mais de Nina, Felipe e Rodrigo e dos demais espíritos da Colônia Espiritual Amor & Caridade. E mais uma vez, esse grupo nos mostra que o amor pode e rompe qualquer barreira, seja no mundo físico ou no mundo espiritual. Mostra-nos que quando desejamos algo, podemos conseguir, e que a fé é o que nos move e é o que determina nossa trajetória evolutiva. Não existe outro jeito.

Sem fé, nada somos, e sem acreditar, nada acontece, nada é possível; só conseguiremos conquistar as coisas da vida, se seguirmos em frente rompendo as barreiras evolutivas e vencendo os desafios. Esse é o caminho, não tenha dúvida.

Amigo, nada é fácil. Nem aqui e muito menos na vida espiritual. Se desejarmos do fundo de nosso coração, com certeza, conseguiremos, mas volto a afirmar: nada é fácil.

Nosso Deus de amor e bondade nos permite qualquer coisa, somos livres; e sendo assim, podemos fazer o que acharmos melhor.

Mas Ele também é justo e bondoso. Se praticarmos o mal, o mal é nosso; se exercitarmos o bem, o bem será o nosso destino na vida futura.

Sei que para muitos é difícil aceitar estas palavras e seguir estes ensinamentos, mas se juntarmos os pontos e as informações que nos são trazidas nestas obras, veremos que o amor está acima de tudo, e que o exercício do bem nos eleva. E isso é bom!

É bom poder participar desta obra, é bom ser médium, é bom ser justo, é bom ser humilde de coração, é bom praticar sem julgar, é bom aceitar sem reclamar, é bom viver cada dia ao lado desses amigos, que nos enriquecem com palavras confortantes e ensinamentos profundos.

É bom ser do bem, e ser do bem é muito bom.

Como nos diz nossa querida Nina: *o céu e o inferno são portáteis, podemos carregá-los para onde quisermos. Uns carregam o céu do amor evolutivo, outros carregam dentro de si a incerteza e a ilusão derrotadora.*

Aproveite e carregue consigo o que de melhor Ele nos ensinou.

Amai-vos...

Obrigado,

Osmar Barbosa

Nina Brestonini, por Nina

Eu me chamo Nina Brestonini. Tive minha última encarnação no Brasil, mais precisamente no estado do Rio de Janeiro. Desencarnei, vitimada por uma doença do coração, como todos vocês puderam ver na primeira obra que psicografei com Osmar Barbosa. Quando cheguei ao mundo espiritual, pude compreender melhor todo o sofrimento que vivi naquela encarnação e obtive as respostas dos meus porquês. Compreendi também por que minha mãe e meu pai foram meus companheiros dessa que foi a minha última vida terrena.

O que parece incompreensível torna-se compreensível quando chegamos ao mundo espiritual, aqui readquirimos nossa essência. É aqui que tudo termina e onde tudo começa.

Sempre questionei a Deus sobre o porquê de eu sofrer tanto com a doença que obteve o triunfo sobre mim; muitas foram as vezes em que eu desisti de acreditar em uma força maior. Sabe, aquela força que todos nós percebemos existir, mas que deixamos de lado logo quando conseguimos alguma coisa ou quando somos derrotados pela dor?

Minha mãe foi minha grande companheira e minha cúmplice de todos os momentos em que vivi. Ela foi minha companheira das horas de alegria e principalmente nas horas de tristeza. Sabe, ser doente não é fácil, mas Ele organiza tudo de forma que só mães fortes suportam tanta dor.

Infelizmente não posso homenageá-la nas obras que psicografo com Osmar Barbosa e nem com outros médiuns que irei usar assim que me for permitido. Minha mãe e meu pai ainda estão encarnados, e se eu revelar os nomes corretos certamente tudo o que estamos fazendo irá por água abaixo. Enganam-se aqueles que pensam que a vida na espiritualidade é diferente da vida na Terra. Tudo se assemelha, tudo se interliga e tudo converge para os dois lados. Ele permite que seja assim para que não haja sofrimento quando damos de cara com as realidades verdadeiras.

Como já relatei, Brestonini é um sobrenome que apanhei emprestado de minha melhor amiga aqui da Colônia Amor & Caridade. Não é que eu queira enganar a alguém, mas infelizmente, como já disse, não posso revelar meu sobrenome correto, isso iria atrapalhar nossos planos; vocês ainda vivem pelo materialismo, e certamente o Osmar Barbosa seria processado e os livros deixariam de atingir os objetivos que traçamos para o projeto Amor e Caridade, ou vocês acham que tudo é obra do acaso ou mesmo da mente do médium?

Tudo já está combinado. As coisas acontecem sempre que Ele permite. E assim, com a permissão da superioridade, a Fraternidade Amor & Caridade é hoje uma realidade no plano físico. E não foi fácil conseguir essa proeza.

Quanto à escolha do médium que psicografa as obras, ele foi escolhido por ser um bom homem, mas principalmente por possuir as características adequadas às nossas necessidades. E, além disso, tem coisas que ainda não podemos revelar, mas sejam pacientes que assim que puder eu revelo outras coisas sobre essa ligação; como já disse, não existem acasos.

Como nosso querido Daniel já contou, a Colônia Espiritual Amor & Caridade é um projeto novo aqui no mundo espiritual. Nossa colônia foi criada para auxiliar a Colônia das Flores, que precisava ser expandida, e assim nos foi permitida essa participação neste projeto de amor e auxílio aos pacientes que desencarnam, vítimas de câncer. Mas recebemos outros espíritos também, e nosso objetivo são as crianças, vítimas de câncer, que desencarnam nas centenas de enfermarias e unidades de tratamento intensivo nos hospitais de câncer espalhados no Brasil.

Daniel é gentil e amoroso com todos nós, ele me concedeu a oportunidade de dirigir e coordenar as alas infantis aqui da colônia. E eu agradeço todos os dias a ele essa oportunidade.

Os outros amigos vocês já conhecem, né? Quanto ao Felipe, nossa história vai além destes livros. Eu e o Felipe estamos ligados por milhares de anos. Eu o amo profundamente e recebo na mesma intensidade o amor sincero e verdadeiro deste meu companheiro da eternidade. Muitos irão perguntar se você poderá viver pela eternidade com o seu amor. E posso assegurar-lhe que o amor é o único sentimento que levamos pela vida eterna. E esse amor sincero e verdadeiro é o que nos diferencia dos demais espíritos.

Breve vocês irão receber um livro que conta um pouco mais de minhas vidas quando eu estava encarnada. Vocês poderão ver como consegui minha evolução e quais foram os desafios que encarei para conseguir chegar aonde estou. Sim, porque somos a soma de tudo aquilo que semeamos durante as nossas experiências como encarnados. Se você deseja tornar-se um espírito evoluído, saiba que terá que modificar-se a todo instante. É assim que se consegue chegar aonde estou.

Vou poder contar-lhes como conheci o Felipe, como me envolvi com ele e como aprendi a amá-lo pela eternidade.

Vou contar também sobre uma das minhas melhores encarnações, que foi na Espanha no século catorze, onde eu era uma cigana e vivia solta ao vento.

Tenho saudades dessas experiências. Mas elas foram muito importantes para conseguir chegar aonde cheguei.

A saudade é uma das coisas que podemos carregar.

Hoje, eu aparento ter dezessete anos; e o Felipe, dezoito. Escolhemos essa idade porque foi com essa idade que nos conhecemos e aprendemos a nos amar intensamente. Sou ruiva, de estatura mediana e tenho sardas no rosto. O Felipe é moreno, mais alto que eu, de cabelos longos, e acima de tudo é lindo.

Você pode escolher dentre as formas que utilizou em suas encarnações; eu escolhi essa, que foi a mais importante para mim.

Agora eu tenho uma linda e emocionante história para contar para vocês. Cinco dias é o prazo que temos para entrar e sair do Umbral. Embora ainda recente na literatura espírita, as informações sobre o Umbral se tornaram cada dia mais intensas, preparem-se. Logo todos vocês irão compreender melhor esta região.

O primeiro a trazer informações sobre este lugar foi o nosso querido irmão André Luiz nas obras psicografadas pelo iluminado Francisco Cândido Xavier. Nós estamos dando continuidade a um trabalho que começou algum tempo atrás.

Espíritas! amai-vos, eis o primeiro ensinamento. Instruí-vos, eis o segundo.

Fiquem com Deus.

Nina Brestonini

Recomendamos antes desta leitura, a primeira
obra, que é parte desta história:
leia *Cinco Dias no Umbral*.
A Editora

"O problema que te preocupa talvez te pareça excessivamente amargo ao coração. E tão amargo que talvez não possas comentá-lo, de pronto. Às vezes, a sombra interior é tamanha que tens a ideia de haver perdido o próprio rumo. Entretanto, não esmoreças. Abraça o dever que a vida te assinala. Serve e ora. A prece te renovará energias. O trabalho te auxiliará. Deus não nos abandonará. Fazei silêncio e não te queixes. Alegra-te e espera porque o Céu te socorrerá. Por meios que desconheces, Deus permanece agindo."

Chico Xavier

No livro anterior abordamos um pouco sobre o Umbral; agora, por determinação de Nina, falaremos um pouco mais dessa região.

O Umbral

Vivemos numa busca incessante de bens materiais, preocupados com nossa família e com nossos herdeiros, com nosso bem-estar atual e futuro, mas que futuro? Esquecemo-nos que o maior tesouro que podemos juntar em nossa vida atual é tentarmos entender a Criação, e se fomos criados, qual o objetivo de quem nos criou? Para que fomos criados? Se alguma força dirige este sistema, quem é? Por que? Para que? De onde viemos? Para onde vamos? Qual o objetivo de estarmos neste lugar, e por que estas pessoas nos cercam? Por que nosso filho é o nosso filho? Por que as pessoas que nos cercam têm esta personalidade? Por que tenho uma cor de pele? Por que falo esse idioma? Por que nasci neste continente? Por que temos esta aparência física? Por que temos dificuldades enquanto outros têm muitas facilidades? Por que minhas provas são mais difíceis do que as dos outros? Por que vivo nesta sociedade e não em outra? Por que tenho que ter fé enquanto outros não a têm? Será que algum tipo de força divina criou e administra tudo o que está à nossa volta? Será que somos eternos? E se assim for, temos outras moradas à nossa espera? Que tipo de morada me espera? Devemos nos preparar para essa vida futura? Tenho que me preparar para ela? Como irei nessa viagem? Qual o tipo de veículo será meu transporte?

Uns dizem que voltaremos para casa, que casa é essa? Se viemos de algum lugar, que lugar é esse? Para onde iremos quando deixarmos nossa vida corporal?

Só de uma coisa temos certeza, todos faremos um dia a viagem de volta.

Temos data de chegada, que é aquela que está registrada em nossa certidão de nascimento, mas não nos é revelado o dia em que voltaremos para nossa morada verdadeira ou transitória. Eterna ou provisória. Como viajantes que somos, temos que nos preparar e nos preocupar com o assento do veículo que nos levará de volta. Iremos sentados à janela ou na parte escura dessa condução? Iremos viajar escondidos no porão? Quanto tempo será necessário para chegarmos ao nosso destino? Será bela a minha nova morada?

Queridos irmãos, nós somos espíritos criados para evoluir; essa marcha não é opcional, ela é necessária e compulsória.

Todos nós que estamos nesta linda nave, chamada vida, iremos evoluir por vontade própria ou não. As encarnações são o instrumento mais justo, são usadas pelo Arquiteto dessa linda construção e levam todos nós para frente. Alguns passarão por estradas ajardinadas, outros por longos caminhos sombrios. Uns, viajarão em belas vias; outros, em estradas esburacadas.

O sentido da vida! É a evolução. Como nos disse nosso querido irmão Jesus.

Creiam, porque onde está o teu tesouro, aí também estará o teu coração. (Mateus 6:21)

Nessa longa viagem de aperfeiçoamento encontramos diversas estações, uma delas é o Umbral.

O Umbral funciona como região destinada ao esgotamento de resíduos mentais, aquilo que juntamos em nosso consciente e inconsciente. Uma espécie de zona purgatorial, onde se queima o material deteriorado das ilusões que adquirimos por termos atacado, menosprezando o sublime ensejo de uma existência terrena. Tudo aquilo de inútil. Tudo o que nós juntamos para o nada. Aquilo que nos distancia do objetivo maior da Criação.

Alguns exemplos: vingança, ódio, inveja, rancor, raiva, orgulho, soberba, vaidade, ciúme, vícios, avareza etc.

Os espíritos impregnados com esses sentimentos se encontram intoxicados e precisam de expurgo, de limpeza, um afastamento dessas que são as piores energias que estão condensadas em nosso ser. Todos os espíritos se atraem por afinidades e semelhanças.

Isto acontece na Terra e no mundo espiritual. Não tenham dúvidas disso! Desta forma, todos que têm sede de vingança e ódio acabam se atraindo para localizações comuns do outro lado da vida. Exatamente como é aqui. Deus é justo, lembrem-se sempre disso.

Juntas, as forças mentais desses espíritos acabam construindo todo o ambiente. Fica fácil perceber que um local repleto de espíritos que estão emocionalmente desequilibrados e unidos pelo pensamento não é um local bonito e agradável, não é mesmo?

Dessa forma o Umbral nada mais é do que o reflexo dos pensamentos, desejos e vontades de inúmeros espíritos semelhantes naqueles sentimentos negativos que acabo de listar. Estes sentimentos intoxicam a alma e dificultam ou impedem que esses espíritos recebam ajuda de parentes, amigos e espíritos superiores, e tudo mais.

Na Terra só é possível ajudar as pessoas que querem receber ajuda, que aceitam a ajuda; e para ser ajudado, você precisa primeiro reconhecer seu erro, conhecer-se a si mesmo. No outro lado da vida é a mesma coisa.

Se você sofre por ter dentro de si o sentimento de vingança, só pode ser curado deste sofrimento se conseguir perceber que precisa de ajuda e aceitar essa ajuda. Somente nesta situação é que você consegue ser ajudado a sair das zonas umbralinas.

O Umbral localiza-se em um universo paralelo que ocupa um espaço invisível aos nossos sentidos, que vai do solo terrestre até algumas dezenas de quilômetros de altura na nossa atmosfera. O tempo e as condições climáticas do Umbral seguem um ritmo equivalente ao local terrestre onde se encontra. Quando é noite sobre uma cidade, é noite em sua equivalência no Umbral. A névoa densa que cobre toda a atmosfera dificulta a penetração da luz solar e da luz da lua. A impressão que se tem é que o dia é formado por um longo e sombrio fim de tarde frio e nublado. À noite não é possível ver as estrelas, e a lua aparece com a cor avermelhada entre grossas camadas de nuvens. Sua maior concentração populacional está junto às regiões mais populosas do globo.

Lá, há cidades de todos os portes, grupos de nômades e espíritos solitários que habitam pântanos, florestas e abismos. Isso nos é descrito por quem já esteve lá como sendo um ambiente depressivo, angustiante, de vegetação feia, ambientes sujos, fedorentos, de clima e ar pesados e sufocantes.

Para alguns espíritos, é uma região terrível e horripilante. Para outros é o local onde optaram viver. Ajustam-se de forma a viverem nesse local. A vegetação varia de acordo com a região do Umbral. Muitas vezes é constituída por pouca variedade de plantas. As árvores são normalmente de baixa estatura, com troncos negros e grossos, retorcidos, de pouca folhagem, em sua maioria têm a folhagem negra ou até mesmo podre.

Existem também áreas desertas, locais rochosos e lugares de vegetação rasteira composta de ervas e capim de cor amarelada como se estivessem ressecados pelo excessivo calor. É possível encontrar alguns tipos de animais e aves desprovidos de beleza. No Umbral se encontram montanhas, vales, rios, grutas, cavernas, penhascos, planícies e regiões de pântano, além de todas as formas que podem ser encontradas na Terra.

Como os espíritos sempre se agrupam por afinidade (igual a todos nós aqui na Terra), ou seja, se unem de acordo com seu nível vibracional, existem inúmeras cidades habitadas por espíritos semelhantes.

Algumas cidades se apresentam mais organizadas e limpas do que outras.

Todas possuem líderes que são chamados por diversos nomes. São espíritos inteligentes, mas que usam sua inteligência para a prática consciente do mal. Conhecem muito bem a natureza e adoram o poder; quase sempre odeiam o bem e os bons, que podem pôr em risco sua posição de liderança. Consideram-se livres, mas na verdade não o são.

As cidades possuem construções semelhantes às que encontramos nas cidades da Terra. Você deve estar a se perguntar: – por que é permitido que existam estes líderes e esta estrutura negativa de tanto sofrimento?

Deus nos permite tudo, Ele nos deu o livre-arbítrio. Lembre-se sempre disso quando você pensar em Deus. O homem tem total liberdade para fazer tudo de ruim ou tudo de bom. Não é assim aqui na Terra? Você pode fazer o que quiser. Você pode ser um anjo de pessoa, mas também pode ser um demônio, não é assim aqui?

Quando o homem faz ou constrói algo de ruim acaba se prejudicando com isso, e aos poucos, com o passar de anos ou séculos, vai aprendendo que o único caminho para a libertação do sofrimento e da felicidade plena é a prática do bem.

A vida, tanto na Terra como no Umbral, funciona como grandes escolas onde aprendemos no amor ou na dor. Ninguém vai para o Umbral por castigo, a pessoa vai para o lugar que melhor se adapta à sua vibração espiritual. Lembre-se disso.

Quando o espírito deseja melhorar existe quem o ajude, não tenha dúvida disso. Quando o espírito não deseja melhorar, ele fica no lugar em que escolheu, é assim o Umbral, é assim a vida.

Todos que sofrem no Umbral, desejando ou não, um dia são resgatados por espíritos do bem e levados para tratamento nas diversas colônias espirituais que existem, para que melhorem e possam viver em planos de vibrações superiores.

É bom lembrar a todos que os planos de Deus são convergentes, ou seja, tudo converge para cima, onde está a pureza.

Existem muitos que ficam no Umbral por livre e espontânea vontade, aproveitando-se do poder e dos benefícios que acreditam ter em seus mundos. Assim como aqui na Terra, onde um traficante de drogas, por exemplo, sabe e tem consciência do mal que faz, porém aceita viver dessa forma. A diferença no Umbral é que se tem a consciência da vida eterna e você pode ficar ou não nessa condição. Isso só depende de sua vontade.

Além das cidades que existem no Umbral, encontramos o que eles chamam de Núcleos. Na verdade, eles não constituem uma cidade organizada como conhecemos, mas trata-se de um agrupamento de espíritos semelhantes. Espíritos que estão na mesma vibração.

Os agrupamentos maiores e mais conhecidos são os dos suicidas.

Estes núcleos são encontrados nas regiões montanhosas, nos abismos e vales. Por serem espíritos perturbados, são considerados inúteis pelos habitantes do Umbral e por isso não são aceitos e nem levados para as cidades em volta. Na verdade, são excomungados por aqueles que lá vivem, pois desistiram de viver, por terem tirado a própria vida.

O Vale dos Suicidas é muito visitado por espíritos bons, por serem estes os que mais recebem orações vindas da Terra.

Os bons tentam resgatar aqueles que desejam sair dali por terem se arrependido com sinceridade do que fizeram. Os espíritos ruins fazem suas visitas para se divertirem, para zombarem ou para maltratarem inimigos que lá se encontram em desespero. Não é difícil imaginar um local com centenas de milhares de espíritos que cometeram suicídio, todos ali unidos, sem entender o que está acontecendo, já que não estão mortos como desejariam estar.

Nas regiões fora das cidades e longe dos núcleos encontramos andarilhos solitários, espíritos considerados inúteis até pelos povos de cidades e núcleos do Umbral.

Grandes tempestades de chuva e raios ocorrem a todo tempo no Umbral.

Essas tempestades têm importante função, é por meio delas que se conseguem limpar os excessos de energias negativas acumuladas no solo e no ar, tornando o ambiente menos insuportável aos seus habitantes. Daí a razão de o Umbral ser um lugar lamacento.

O papo está bom, mas vamos em frente, pois temos uma linda história a ser contada nas linhas subsequentes deste livro. Venha comigo. Vamos saber mais um pouco da história de Nina, Felipe, Yara e esse grupo de espíritos evoluídos, em mais uma missão que deverá ser feita em *Cinco Dias no Umbral*.

Tenham todos uma excelente leitura!

Osmar Barbosa

Colônia Espiritual Amor & Caridade

Um magnífico novo dia inicia-se exuberante na Colônia Espiritual Amor & Caridade. Os raios celestiais da manhã espiritual são límpidos e alcançam cada canto da colônia. É como se cada ser que ali vive recebesse um facho em si próprio dessa luz maior. O calor matutino é reconfortante e lembra a todos os espíritos o valor e a importância de estar ali, em congresso, trabalhando juntos de forma coordenada e fraterna, pelos preceitos do bem e do amor maior de Deus e do Governador do Orbe, Jesus Cristo. Já desde muito cedo havia um intenso movimento pelas vielas, praças, ruas, enfermarias e esplanadas da colônia. Os espíritos não param um segundo sequer. Estão o tempo todo trabalhando duro pela manutenção e evolução do bem nos mundos espiritual e carnal. Nina e Felipe são exemplos fidedignos desta dedicação extrema em sua completude. São espíritos que já dedicaram existências às missões mais difíceis e desafiadoras que os mentores já lhes confiam. Sempre responderam a estas missões com serenidade, hombridade e fé no compromisso que possuem firmados com as esferas superiores e com o Pai maior.

Nina Brestonini é uma jovem de apenas vinte e quatro anos de idade, cabelos ruivos jogados sobre os ombros, lindos olhos verdes, pele branca como neve e um sorriso encantador. Felipe, seu fiel escudeiro, é um jovem rapaz de pele morena e sorriso farto. Exalta uma beleza incontestável.

A colônia é composta por treze grandes galpões, dos quais três são dedicados à recuperação, transição e realinhamento por meio de terapias do sono e passes dados por espíritos auxiliares.

Outros quatro galpões servem de enfermaria; neles, os pacientes na idade adulta que desencarnam em hospitais, vitimados de câncer, são acolhidos.

Outros dois galpões são especialmente destinados às crianças, também vitimadas pelo câncer.

Há um outro, o maior de todos, onde funciona o setor administrativo, com amplas salas e teatros, onde são feitas as reuniões com espíritos que estão espalhados sobre a Terra em casas espíritas e centros cirúrgicos de hospitais.

Os três galpões que faltam mencionar funcionam como Centro de Treinamento e Escola.

Em toda a colônia há amplos jardins, lagos e praças,

onde os espíritos recolhidos se encontram para lazer e orações contemplativas. As praças são extensas e gramadas, com diversos brinquedos, semelhantes aos da Terra para as crianças. Centenas de espíritos desta colônia trabalham entre nós, em centros espíritas, hospitais, igrejas e orfanatos. Auxiliam-nos em nossa evolução pessoal. Espalham sobre nós fluidos necessários ao nosso equilíbrio na Terra, nos alinhando, nos protegendo e nos auxiliando a seguir em frente. Muitos deles são mentores espirituais ou o que chamamos de anjos da guarda.

Todos são mensageiros do bem, por vezes vêm em missão de ajuda e socorro a espíritos afinados com eles pelas vidas anteriores, e que ainda necessitam vivenciar o dia a dia da Terra para seu desenvolvimento pessoal e aperfeiçoamento espiritual, atingindo assim a tão esperada perfeição.

Nina e Felipe se encontram em uma das enfermarias da colônia.

– Bom-dia, Nina!

– Bom-dia, Felipe! Eu estava mesmo precisando falar com você.

– O que houve?

– Ainda não sei, mas Daniel pediu-me para ir até o seu gabinete, disse-me que deseja falar comigo e com você.

– Ele lhe adiantou o assunto?

– Não, mas o Marques como bom amigo que é, disse-me tratar-se de alguma coisa relacionada à sua mãe.

– Como assim?

– Eu não sei, Felipe, como já disse.

– Meu Deus, o que será que Daniel quer falar comigo?

– Eu já lhe disse, Felipe, é alguma coisa relacionada à sua mãe – retruca Nina.

– Eu sei, Nina, eu sei. Dia desses falei com Daniel sobre irmos buscar minha mãe, e ele me disse que ainda demoraria um pouco.

– Ah, entendo.

– Sabe, Nina, na verdade acho que vem por aí uma bronca, isso sim.

– Por que acha isso, Felipe?

– Todos os dias vou até a capela para orar e pedir para que nos seja permitido buscar minha mãe.

– Sim, Felipe, mas o que isso tem a ver com Daniel?

– Você acha mesmo, Nina, que Daniel não ouve nossas preces? Você acha que ele como principal dirigente desta colônia não conhece nosso desejo mais íntimo?

– Acho até que ele pode ouvir nossas preces, e até conhece nossos mais íntimos desejos, mas jamais ele iria brigar com você por você estar pedindo por sua mãe.

– Eu sei, Nina, mas tudo o que fazemos demais acaba atrapalhando os planos de Deus.

– Não, Felipe, não pense assim. Oração nunca é demais.

– Será, Nina?

– Pode confiar. Orar nunca é demais.

– Bom, sendo assim, acho que Daniel não deve estar aborrecido comigo.

– Claro que não, Felipe. Deixe de bobagens e venha aqui me ajudar com a Mariah.

– Onde ela está?

– Ela está lá fora, no balanço.

– Vamos – diz Felipe.

Nina e Felipe saem da sala de atendimento para buscar uma das crianças que estão sendo tratadas em Amor & Caridade.

– Mariah, venha comigo, vamos entrar – diz docemente Nina.

A menina desce do balanço auxiliada por Felipe que a pega gentilmente pela cintura e a coloca no chão.

– Obrigada, tio Felipe!

– De nada, Mariah, sente-se melhor?

– Sim, tio. Obrigada!

– Venha, Mariah, está na hora de sua aula.

Mariah é uma menina que aparenta uns sete anos de idade, seu desencarne se deu em virtude de um câncer em um hospital da cidade de São Paulo, no Brasil. Ela já está em Amor & Caridade há algum tempo. Quando chegou à colônia ela estava careca, devido às quimioterapias e radioterapias; com o tempo, seus lindos cabelos negros voltaram a crescer. Os olhos verdes realçam a beleza da pequena menina. Vaidosa, ela gosta mesmo é quando Nina, com suas mãos suaves, faz nela as mais lindas tranças, como diz Nina: tranças angelicais. Nina é a melhor amiga de Mariah, que se apresenta ainda rebelde com relação às outras crianças, que estão juntas com ela nesta parte da colônia.

– Sim, tia Nina.

Nina e Felipe conduzem Mariah a uma sala de uns vinte metros quadrados onde há várias poltronas de cor violeta, extremamente confortáveis, feitas exclusivamente para crianças. Dispõem-se assim: para cada poltrona infantil há outra igual para adulto bem pertinho, na verdade, ao lado. Na parede da frente há uma tela como aquelas de cinema. Esse é o lugar onde paciente e cuidador conversam e são mostradas as vidas anteriores do paciente em tratamento.

– Sente-se aqui, Mariah, por favor – diz Nina indicando uma das poltronas.

– Sim, tia Nina. Tio Felipe, você pode se sentar ao meu lado, por favor?

– Não cabem os três nesta poltrona, Mariah – diz Felipe com um leve sorriso.

– Ah tio, sente-se aqui ao meu lado – Mariah aponta com o dedinho da mão direita para o chão a seus pés.

– Tá bom, querida. Posso sentar-me aqui, Nina?

– Claro, Felipe! Fique à vontade.

Nina então senta-se ao lado da menina e de Felipe, que está sentado aos seus pés.

– O que vamos ver hoje, tia Nina?

– Hoje, Mariah, iremos ver mais um pouco de sua última encarnação na Terra.

– Oba! Poderei finalmente ver os meus pais?

– Sim, acho que nos será permitido ver seus pais – diz Nina.

Felipe, então, sente-se como Mariah, quando ele precisou de seu refazimento; lembrou-se da paciência que Nina e todos os amigos da colônia tiveram com ele. Lembrou-se das horas perdidas na sala da relembrança. Dos passes fluídicos necessários ao refazimento perispiritual. Dos conselhos dados pelos espíritos superiores, das orações, enfim, da paciência que tem que se ter para que as lembranças não causem problemas que não poderão ser tratados em Amor & Caridade. Tudo é feito com muito carinho. Tudo tem o tempo certo para acontecer.

– Felipe, Felipe! Acorde!

– Ah, me desculpe, Nina! Eu estava distraído.

– O que houve?

– Não, é porque, eu estava me lembrando de quando cheguei aqui, da paciência que você e os demais amigos tiveram comigo.

– Ah, sim, que bom que você não esqueceu! – diz Nina, feliz.

– Jamais esquecerei – diz Felipe, emocionado.

Nina percebe que Felipe ficou emocionado e tenta reparar o momento.

– Não fique assim, Felipe, a emoção enobrece o espírito.

– Eu sei, Nina, eu sei. É que bateu uma saudade danada de minha mãe.

– Acho que você está mesmo é preocupado com o assunto que Daniel quer tratar conosco.

– Pode ser, confesso que estou curioso; preocupado... não, não estou. Confio em Daniel.

– Bom, agora vamos cuidar da Mariah? – diz Felipe.

– Obrigada, né, tio Felipe – diz Mariah.

(Risos.)

– Bom, Mariah, você já está há algum tempo aqui conosco e seu desempenho tem nos sido muito satisfatório – diz Nina, que prossegue:

– Você deixou seus pais ainda menina. Lembra-se disso?

– Tia Nina, eu ainda sou uma menina.

– Sim, você ainda é uma menina, mas seus pensamentos começam a tornar-se de uma jovem, você pode sentir isso?

– Sim, sinto-me assim mesmo, do jeito que você está falando. Meu corpo não está correspondendo aos meus pensamentos.

– E é por isso que estamos aqui hoje. É com base no que assistiremos que você poderá ser ajudada.

– Obrigada, tia Nina.

– Agora preste muita atenção na tela.

– Sim, senhora!

– O seu irmão Nicolas já é um rapazinho de catorze anos. Seu papai e sua mamãe decidiram viver em outro continente após seu desencarne.

– Tia, já passou tanto tempo assim?

– Não passou muito tempo, Mariah, foram só sete anos.

– Mas parece que foi ontem que eu cheguei aqui.

– É assim mesmo, o tempo da Terra é muito diferente do nosso tempo aqui.

– É, eu sei. O tio Felipe já havia me falado sobre a relação entre o tempo em que a pessoa está encarnada e o tempo em que está desencarnada. Não foi, tio Felipe?

– Sim, Mariah, foi sim. E você já aprendeu que não devemos comparar os tempos, eles são diferente, né?

– Sim, mas o meu irmão já tem catorze anos?

– Sim, quando você desencarnou ele tinha sete anos, igual a você, lembra?

– Sim, me lembro; e lembro também que somos gêmeos.

– Isso! Vocês nasceram no mesmo dia e foram gerados juntos.

– Sim, eu me lembro muito bem disso tudo.

– Pois é, agora vou mostrar para você como estão todos neste exato momento vivendo na Terra.

– Oba, que legal! Poderei rever minha mãe!

– Sim, mas controle suas emoções, *ok*?

– Pode deixar, tia Nina.

As luzes da sala são reduzidas e começa então a aparecer na tela o dia a dia da família de Mariah.

Seu pai está preparando uma máquina de cortar grama em frente a uma bela residência de dois andares, toda avarandada, de cor azul-claro com detalhes em branco.

– Olha, é meu pai! – aponta Mariah com o indicador da mão direita.

– Sim, Mariah, é o seu pai.

– Ele continua lindo! – diz a menina.

– Verdade, querida – diz Nina.

– Tia, que luz é aquela em volta dele?

– É a luz própria que ele tem, seu pai é um espírito muito evoluído.

– Tipo a senhora, assim?

– Sim, tipo eu – Nina sorri.

– Que lindo é o meu paizinho! Onde está a minha mãe?

– Vamos continuar a ver o filme – diz Felipe.

Por algum tempo o filme continua a mostrar Paulo, seu pai. Os pensamentos de Paulo chegam ao mundo espiritual.

– Meu Deus, que saudade de minha filhinha! Deus me dê forças para continuar nessa vida. Nicolas não se conforma com a perda da irmã. Minha mulher já não é mais a mesma. Não se cuida, deixou de ser aquela mulher vaidosa e feliz. Pouco adiantou eu ter mudado para os Estados

Unidos, se as lembranças de Mariah seguem conosco por todos os lugares.

Emocionada, Mariah começa a chorar quando ouve os pensamentos de seu pai.

– Calma, Mariah, fique calma. No fim você poderá compreender tudo o que está acontecendo – diz Nina acariciando a menina.

– Eu sei, tia Nina, eu sei. Só estou triste por meu pai ainda estar sofrendo por minha ausência.

– Ele não está sofrendo, Mariah, perceba que a luz à sua volta não muda, ele apenas está triste. Só isso.

– É verdade, tia Nina, desculpe-me.

– Fique a observar os detalhes, Mariah, e você vai compreender por que você está aqui – diz Felipe.

– Obrigada, tio Felipe, vou ficar atenta sim.

– Quer que façamos uma pausa, Mariah?

– Não, tia Nina, não precisa. Sinto que algo está mudando dentro de mim, preciso ser madura e encarar minha nova realidade.

– É isso mesmo, muito bem, Mariah! Vamos prosseguir?

– Sim – diz a jovem, secando as lágrimas.

Lentamente o filme mostra a cozinha da casa, onde Rogéria está lavando a louça do café da manhã.

– Olha, é a minha mãezinha!

– Sim, é ela – diz Nina.

– Minha mãe está diferente... O que houve com ela, tia Nina?

– Sua mãe agora está melhor. Quando você deixou a Terra, ela ficou muito triste e doente, mas agora ela já está bem melhor.

– Mas ela está magrinha – diz a menina.

– Ela ficou muito doente quando você a deixou e veio para cá.

– Mas por que eu fiz isso com ela?

– Você não fez isso com ela. O que acontece é que sua mãe e seu pai não acreditam na vida eterna, e sofrem pela separação momentânea.

– Coitados, se soubessem que estou viva! Talvez isso os ajudasse a viver melhor e acalentasse os seus corações.

– Sim, mas tudo tem um propósito nas coisas de Deus.

– Como assim, tia?

– Não existem acasos, tudo está de acordo com as vontades do Pai. Embora pareça sofrimento, tudo o que seus pais estão vivendo tem um propósito.

– Mas por que as coisas ruins acontecem, então?

– Coisas ruins são resultados de atitudes ruins. Tudo o que você fizer a você mesmo ou àqueles que de alguma forma estão ligados a você, trará um resultado positivo ou um resultado negativo para você mesmo.

– Então minha morte serve de alguma coisa para eles?

– Sim, sua ausência faz com que eles sintam muita saudade, e a saudade personifica sentimentos nobres nos corações dos aflitos. E isso é bom. E ainda é por meio da dor que muitas vezes os encarnados são forçados a buscarem a palavra de Deus. E isso é bom!

– Compreendo, sentindo minha falta e minha ausência eles acabarão procurando as coisas de Deus, é isso?

– Sim – diz Felipe –, às vezes Deus usa a dor temporária para que Seus filhos procurem-No.

– É triste né, tia Nina, mas é justo – diz Mariah.

– Sim, querida, Ele é justo com todos os Seus filhos.

– Sabe, tia Nina, parece-me que alguma coisa está se modificando dentro de mim. Parece que meus pensamentos estão se modificando, as coisas agora me parecem mais claras. Compreendo a dor de meus pais e sei que isso é necessário para a evolução deles.

– Essa é a nossa intenção, Mariah, quando lhe mostramos este filme. Ou melhor, a sua vida anterior.

– Obrigada, tia Nina; obrigada, tio Felipe, me sinto ótima agora.

– Que bom, Mariah!

– Mas e meu irmão, como ele está? Eu ainda não o vi.

– Bom, vamos então prestar muita atenção nesta parte da vida de seus familiares.

– Sim, tia Nina, vamos.

Felipe aproxima-se mais um pouco de Mariah, agora ele fica junto às suas pernas, que tocam suavemente o chão atapetado do pequeno cômodo.

O filme agora focaliza uma pequena praça onde se encontra um grupo de meninos. Há carrinhos de bebês por toda parte, mães estão a transitar pelos caminhos ensolarados das pequenas ruas, repletas de lindas árvores e onde pássaros encantam os ouvidos dos frequentadores. Outros fazem uma caminhada, admirados com tanta beleza do lugar.

Outro grupo de meninos joga beisebol. Atenta, Mariah tenta achar entre tantos garotos, seu querido irmão.

– Tia Nina, eu não estou vendo o meu irmão.

– Espere, Mariah, logo ele vai aparecer.

A câmera percorre todos os campos e jardins da linda praça, mas Nicolas não aparece nas imagens. Lentamente o filme exibe um lugar sombrio e escuro, uma espécie de caverna na parte mais longe dos jardins. Dois meninos estão sentados fumando maconha embaixo de uma pequena ponte. Um deles é Nicolas. Assustada com a cena, Mariah tenta tapar o rosto com as mãos como se não acreditasse no que estava assistindo.

– Tia Nina, esse é o meu irmão? – pergunta a menina, assustada.

– Sim, Mariah, este é o seu irmão, o Nicolas.

– Mas ele está fumando maconha, tia!

– Sim, ele está fumando maconha.

– E essa sombra perto dele, o que é? – pergunta a jovem menina.

– São espíritos trevosos que neste momento acompanham o seu irmão.

Mariah entra em choro compulsivo.

– Calma, Mariah! – diz Felipe, segurando-a pelos braços.

– Eu não quero ver isso, deixe-me sair daqui, tio Felipe.

– Tenha calma, Mariah – diz Nina, segurando-a pelas mãos.

– Tia, isso não é justo com os meus pais, eles vão sofrer mais ainda, meu irmão não pode estar fazendo isso.

– Mas esta é a realidade deles, Mariah, tenha calma.

– Tia, tem um vulto preto perto do meu irmão; tia ajude-o, por favor!

– Acalme-se, Mariah, que vou lhe explicar – diz Nina. – Felipe, por favor, pegue um copo com água para Mariah.

– Sim, Nina.

Felipe se levanta e vai até um pequeno móvel onde se encontram uma jarra e dois copos de vidro. Ele traz até Mariah e lhe entrega nas mãos um copo com água fluidificada por ele durante o transporte.

– Beba, Mariah, por favor.

– Obrigada, tio Felipe – diz a menina segurando o copo com as mãos trêmulas.

Mariah bebe lentamente a água enquanto assiste a seu irmão perder a consciência tomada pelo efeito da droga. O vulto a seu lado se expande, e isso desperta muita curiosidade na menina.

– Tia Nina, o que está acontecendo com o vulto? Olha, ele está se expandindo.

– Esse vulto negro que você vê ao lado do seu irmão, na realidade, é um espírito obsessor que se expande com os fluidos da droga que seu irmão partilha com ele mesmo sem saber. Mesmo sem perceber.

– Meu Deus, isso não pode estar acontecendo com a minha família!

– Foram eles que escolheram passar por isso.

– Mas tia Nina, por que você está me mostrando tudo isso?

– Muito boa pergunta, Mariah – diz Felipe.

– Enfim, atingimos nosso objetivo – diz Nina.

– Não estou entendendo nada, tia Nina – diz Mariah.

– Mariah, olhe para suas pernas.

– Sim, elas estão grandes. Por que estão assim? O que está acontecendo comigo, tia Nina?

– Você agora tem catorze anos, como o Nicolas.

– Verdade, meu corpo está maior, sinto-me mais adulta. O que é isso?

– Justiça – diz Felipe.

– Como assim, tia Nina? – pergunta Mariah.

– Querida, todas as coisas de Deus são justas. Você estava com muita dificuldade para retomar sua forma adulta, pois essa é uma de nossas missões aqui em Amor & Caridade. Quando vocês vêm para cá, nossa missão é, primeiramente, refazer a forma perispiritual desgastada pelas radioterapias e quimioterapias. Em segundo lugar, é prepará-los para seguirem adiante, mas só conseguimos isso quando vocês readquirem a forma adulta. Daí nós encaminhamos vocês para as colônias que cuidam da reencarnação.

– Entendi, tia Nina, entendi perfeitamente.

– É isso, Mariah, agora você já é uma mocinha, e isso nos facilitará em seu processo.

– Obrigada, tia Nina; obrigada, tio Felipe.

– Mas e meu irmão, será que eu não posso ajudá-lo? Será que posso ajudar minha mãe a parar de sofrer tanto assim?

– Isso nos será permitido à medida que nossas orações forem atingindo o seu irmão e a sua família. Mas primeiro nós ajudaremos seu irmão. O seu pai e sua mãe precisarão passar por uma prova ainda pior que sua perda.

– Meu Deus! O que pode ser ainda pior, tia Nina?

– Mariah, agora eu e o tio Felipe temos uma reunião com o tio Daniel. Mas eu lhe prometo que assim que me for permitido eu lhe contarei tudo.

– Tudo bem, isso eu já aprendi. Regras, né?

– Sim, as regras têm que ser cumpridas aqui na colônia.

– Eu sei, tia Nina. Posso ver minha mãe de novo?

– Pode sim, claro!

O filme então volta a focar a linda casa de cor azul-claro e Rogéria está sentada no quarto de Nicolas vendo antigas fotos onde Mariah e seu irmão estavam brincando juntos em uma linda noite de Natal.

– Que linda a minha mãe! Agora está com uma felicidade enorme dentro do coração, posso até sentir daqui.

– Verdade, Mariah, a alegria sentida na Terra chega facilmente ao mundo espiritual assim como a prece.

– Que bom que minha mãe está mais calma! Só queria que ela voltasse a ser vaidosa como era.

– Quem sabe com o tempo isso se ajeita.

– Tia Nina, posso pedir-lhe outra coisa?

– Sim, Mariah, claro, meu amor.

– Tire o meu irmão das drogas, por favor!

– Vou falar com o Daniel e veremos o que poderemos fazer, tá bom?

– Obrigada, tia.

– De nada, amor. Agora volte a brincar, e comemore com suas amigas sua nova condição espiritual.

– Vou correndo. Tchau, tio Felipe.

– Tchau, Mariah.

Nina e Felipe ficam a observar a alegria de Mariah, que corre em direção à ala onde ficam os quartos das meninas em Amor & Caridade.

"Ainda que eu andasse pelo vale da sombra da morte, não temeria mal algum, porque tu estás comigo; a tua vara e o teu cajado me consolam."

Salmos 23:4

A Missão

Marques está aflito procurando por Nina e Felipe em toda a colônia, quando finalmente os encontra.

– Oi, Nina; oi, Felipe, eu estava lhes procurando.

– O que houve, Marques? – pergunta Nina.

– Daniel está esperando por vocês para a reunião, vocês se esqueceram?

– Não, claro que não! Estávamos com a Mariah na sala de recuperação. Afinal já estava agendada a recuperação dela.

– Ah, foi o único lugar em que não fui procurar por vocês.

– Mas agora você já nos achou, Marques; estamos indo para a sala de Daniel.

– Não, a reunião não será na sala dele e sim nos jardins da colônia.

– Mas, o que houve?

– Não sei, essas são as ordens de Daniel.

– Tá bom, Marques, nós iremos para os jardins – diz Nina.

– Vá logo, que Daniel já deve estar nervoso com a demora.

– Tá bom, Marques, estamos indo – diz Felipe.

– Até logo e obrigado – diz Marques se afastando rapidamente.

– Venha, Nina, vamos procurar por Daniel.

– Sim, vamos.

Nina e Felipe dirigem-se para a parte externa da colônia onde amplos jardins floridos são cuidados por espíritos amigos, responsáveis pela segurança do lugar.

Logo Daniel é avistado por Nina e Felipe, que se aproximam. Ele está com Rodrigo conversando calmamente.

– Olá, Daniel; olá, Rodrigo!

– Olá, meus amigos – diz Felipe, aproximando-se, estendendo a mão direita e cumprimentando a todos.

– Olá – diz Daniel, que retribui o cumprimento.

– Oi, gente – diz Nina.

– Olá, Nina – diz Daniel.

– Estamos envergonhados por termos nos atrasado – diz Nina.

– Deixem de bobagens – diz Rodrigo. – Aproveitamos suas ausências para falarmos um pouco de vocês.

– Fico grata, Rodrigo, com sua lembrança.

– Nós é que estamos muito felizes de conviver com você e com o Felipe.

O Índio se aproxima do grupo.

– Ora, ora se não é o nosso amigo, o Índio mais cobiçado dessa colônia – diz Nina, abraçando o amigo que vem chegando para juntar-se ao grupo.

– Nina, você continua doce como uma uva – diz o Índio, emocionado.

– Bom, senhoras e senhores, o papo está bom, mas temos um assunto muito importante a tratar – diz Daniel, interrompendo a todos.

– Sim, Daniel, perdoe-nos – diz Felipe.

– Como todos já sabem, logo que Nina chegou a esta colônia ela teve uma nobre missão pela frente. Ela, junto a vocês, foi até o Umbral resgatar a menina Soraya. Agora é chegada a hora de resgatarmos Yara, sua mãe, Felipe.

Emocionado, Felipe cobre o rosto com as mãos não contendo as lágrimas. Nina se aproxima e o abraça calorosamente.

Daniel prossegue:

– E como antes, vocês só terão cinco dias para entrar e sair do Umbral. Sabemos que Yara mudou de lugar, e onde ela está agora é um pouco mais distante, mas é um lugar de condições melhores, embora seja um local onde poucos espíritos querem ir. A partida de vocês se dará daqui a três dias. Preparem-se para a missão determinada pela superioridade.

– Estamos prontos, Daniel – diz o Índio.

– Aqui também está tudo pronto – diz Rodrigo.

– Confesso que preciso me preparar, essa notícia assim de

surpresa me deixa muito feliz; porém, preciso organizar-me para a viagem – diz Nina.

Emocionado, Felipe não consegue controlar a emoção e abraça a todos os amigos juntos. Uma linda cena é presenciada por todos os espíritos da colônia. Um abraço fraterno. Rodrigo, Nina, o Índio e Daniel se abraçam sem pronunciarem nenhuma palavra.

Após algum tempo, os abraços são individuais e todos se sentem preparados para tão nobre missão.

– Obrigado a todos vocês, meus amigos – diz Felipe, emocionado.

– Agora vamos voltar aos trabalhos – diz Daniel.

– Obrigada, Daniel – diz Nina.

– Obrigado, Rodrigo – diz Felipe.

– Obrigado a todos – diz Daniel se afastando do grupo.

– Daniel, posso fazer uma oração de agradecimento à nossa mentora? – diz Felipe.

– Claro, Felipe! Claro que sim – diz Daniel.

– Vamos nos dar as mãos? – sugere Nina.

– Sim – dizem todos.

Todos se dão as mãos formando um círculo. Uma forte luz de cor violeta se sobrepõe sobre todos.

Felipe então começa a orar.

Querida mentora espiritual. Quero agradecer-te por este momento tão especial e tão sonhado em minha existência.

Obrigado pela oportunidade redentora que minha mãe recebe neste momento. Obrigado pela oportunidade de servirmos mais uma vez a seus planos evolutivos.

Agradeço por ser o instrumento escolhido por vós para tão nobre missão. E peço-lhe proteção e sabedoria para cumprir tão nobre desafio.

Por Deus... Amém.

– Parabéns, Felipe! – diz Daniel.

– Parabéns, meu amigo – diz Rodrigo.

– Agora voltemos ao trabalho – sugere Daniel.

Assim todos voltam às suas atividades em Amor & Caridade.

É noite na colônia.

– Nina, Nina!

– Sim, Felipe, o que houve?

– Estive pensando... Como será que está a minha mãe?

– Deve estar pronta para o resgate, não é, Felipe? Se Daniel nos convoca a ir buscá-la é porque ela já deve estar nos esperando.

– Eu gostaria muito de estar perto dela agora, só para saber realmente como ela está.

*"Não se turbe o vosso coração; credes em Deus,
crede também em mim.
Na casa de meu Pai há muitas moradas; se não fosse
assim, eu vo-lo teria dito. Vou preparar-vos lugar."*

João 14:1-2

– Felipe, deixe a ansiedade de lado e procure se concentrar em seu trabalho. Logo, logo estaremos com a sua mãe.

– É muito difícil, Nina, conter a minha ansiedade. Afinal são alguns anos que não tenho acesso a ela. E a saudade é grande!

– Eu sei como é. Quando Daniel me convidou para ir buscar Soraya, primeiramente eu hesitei, mas a ansiedade e a curiosidade de saber como ela estava me tiraram o sono.

– É assim que me sinto. Estou extremamente ansioso em reencontrá-la.

– Mudando de assunto, você tem tido notícias de Soraya?

– Não, há tempos eu não tenho notícias dela.

– Sabe se ela já reencarnou? – pergunta Felipe.

– Não, Felipe, já disse que não sei nada sobre ela. A última vez que a vi foi quando a deixamos em Nosso Lar, afinal Soraya precisava resgatar ainda alguns débitos com seus pais e amigos.

– É, ela não foi uma boa menina, né, Nina?

– Sim, Felipe, ela estava muito envolvida com coisas erradas. Nós só fomos autorizados a resgatá-la devido às preces de seus pais e da minha família dirigidas especialmente a ela. Afinal o desencarne se deu de forma bruta.

– Verdade – concorda Felipe.

– Bom, Nina, agora eu preciso falar com o Rodrigo. Até mais tarde!

– Até mais, Felipe!

Nina continua seus afazeres na ala das crianças, enquanto Felipe vai ao encontro do amigo Rodrigo.

Passado algum tempo ambos já estão juntos e na companhia de Lucas.

– Então, Felipe, você está preparado para encontrar-se com sua mãe? – pergunta Rodrigo.

– Sim, meu amigo, preparadíssimo e ansiosíssimo.

– É de se esperar que você esteja assim, mas tem que ser paciente, as coisas não estão fáceis para Yara.

– Como assim, Rodrigo?

– Sua mãe está acompanhada e feliz com as tarefas que lhe foram apresentadas lá no Umbral; creio que embora estejamos autorizados a trazê-la para cá, ela não vai querer vir.

– Poxa, Rodrigo, essa você não tinha me contado. O que houve com minha mãe?

– Nem tudo o que sabemos podemos contar, Felipe. Existem coisas e mistérios que só os espíritos mais elevados sabem, e por respeito e consideração, eles evitam nos falar. Eu fiquei sabendo que ela está realizando uma tarefa que tenho certeza lhe enche o coração de prazer e orgulho.

– Mas o que está acontecendo com minha mãe, Rodrigo? Que tarefa é essa?

– Você poderá ver com seus próprios olhos, Felipe; tenha calma e paciência. Não fique preocupado, Deus há de nos oportunizar a convencê-la a vir para Amor & Caridade. Na verdade eu também não sei precisamente o que ela anda fazendo, só sei que ela está sendo útil e isso me deixa muito feliz. Ouvi uma conversa de Daniel e ele me assegurou que todos nós ficaremos muito surpresos e felizes quando encontrarmos Yara.

– Nossa, Rodrigo, isso será muito difícil para mim. Agora é que eu vou ficar sem descanso mesmo – diz Felipe.

– Não será não – interrompe Lucas. – Você já está em outra condição e também já é capaz de compreender que o livre-arbítrio o leva onde seus anseios mais íntimos estão. Sua mãe fez suas escolhas quando ficou sozinha no Umbral, ela tem todo o direito de fazer o que quiser.

– Eu sabia que isso iria acontecer, foi por isso que eu não quis deixá-la sozinha naquele lugar – diz Felipe, mostrando-se triste.

– Não fique assim, Felipe, tudo na obra de Deus tem um porquê, você sabe disso.

– Eu sei, mas por que você não me falou nada, Rodrigo?

– Nada de que, Felipe? O que você quer saber?

– Quero saber o que minha mãe está fazendo, ora!

– Meu amigo, quando Yara chegou ao Umbral, ela era o resto do resto, você se lembra?

– Sim, minha mãe estava muito mal, contaminada pelo uso excessivo de drogas, álcool e prostituição; era como ficar olhando para um vampiro. Suas condições eram péssimas.

– Então, com o tempo estando a seu favor, sua mãe conseguiu melhorar-se, você lembra?

– Sim, claro que sim. Eu me lembro de que quando a deixei ela já aparentava uma mulher saudável.

– Você está lembrado mesmo, Felipe? Você se lembra de quando eu fui buscá-lo em que condições ela estava?

– Sim, estou lembrado. Ela já tinha adquirido uma forma melhor, tinha aprendido a orar e cuidava muito bem de mim e da pequena caverna que eu construí para ela, lá no Umbral.

– Sim, foi isso mesmo. O que talvez você não saiba é que só tivemos permissão para socorrer você porque sua mãe, em preces, implorava a Deus o seu resgaste.

– É, eu imaginava que isso acontecia. Depois que a ensinei a orar, ela tinha o hábito de ficar por horas sozinha orando.

– Sim, foi isso mesmo que aconteceu. A fé de sua mãe nos permitiu resgatar você. Agora sua fé, suas preces e seu amor incondicional por ela, de novo, nos permitem voltar ao Umbral e resgatá-la. O que acontece é que Yara se adaptou ao Umbral e está construindo lá sua própria história. Não sei se ela vai querer voltar conosco. Foi isso o que eu disse.

– O que será que minha mãe anda aprontando no Umbral, meu Deus!?

– Fique calmo e tranquilo, Felipe, logo nós partiremos para a missão e você vai poder conversar com ela pessoalmente. Logo tudo ficará esclarecido.

– Nossa, Rodrigo! Se eu já estava ansioso, imagina agora sabendo dessas novidades.

– Não fique assim – diz Lucas colocando a mão direita sobre o ombro de Felipe.

– Obrigado pelo carinho, meu amigo Lucas, mas minha história com minha mãe é muito intensa e envolve uma série de fatores que nos ligam por centenas de vidas passadas.

– Sabemos disso – diz Daniel se aproximando.

– Irmão Daniel, que bom que você está aqui! – diz Felipe.

– Estava ouvindo sua conversa e resolvi me aproximar. Olhe quem está chegando.

– Soraya, você por aqui?! – diz Felipe, surpreso e feliz. – Ainda há pouco mesmo eu estava conversando com Nina sobre você.

Felipe corre para abraçar a mais nova convidada. Nina está atrás de Soraya com as mãos em seus ombros como se a segurasse por trás.

– Seja bem-vinda, Soraya! – diz Rodrigo.

– Olá, Soraya! – diz Lucas.

– Olá, meus amigos, eu estava mesmo com muitas saudades de todos vocês – diz Soraya com um lindo sorriso.

Seu corpo está modificado, sua pele está lisa e reluzente; e seus cabelos, lindos. Soraya está feliz e modificada e todos notam a sua felicidade.

– Que bom que você pode estar entre nós neste momento tão especial, Soraya! – diz Felipe. – Você já deve estar sabendo, né; nós estamos indo buscar a minha mãe.

– Sim, Felipe, eu estou sabendo, e fico muito feliz que tenha sido permitido o resgate de Yara.

– Estamos todos muito contentes – diz Daniel com sua voz doce e tranquila.

– Nina, avisou você que nós estávamos aqui?

– Daniel me trouxe a Soraya, e nós viemos para cá, porque precisamos conversar com todos vocês.

– Mas o que houve? – pergunta Felipe, curioso.

– Nada demais, Felipe, nada demais. Eu só queria estar aqui e presenciar a sua felicidade, afinal foi você quem me salvou lá no Umbral – diz Soraya, emocionada. – Pedi a Daniel que quando esse dia chegasse eu gostaria de ser a pessoa que receberia sua mãe aqui na colônia, e Daniel me permitiu, por isso estarei aqui esperando por vocês quando voltarem da missão no Umbral.

– Nossa, que alegria, Soraya! Que bom que você vai estar aqui esperando pela minha mãe!

– Sim, Soraya vai ficar aqui nos esperando – diz Daniel.

– Eu é que sou muito grata a todos vocês – diz Soraya.

– Bom, senhores, preparem-se para a viagem. Acalmem seus corações e trabalhem suas ansiedades. Mantenham-se em oração e fiquem focados na missão. Como todos já sabem, o Umbral não é lugar de distração. Procurem concentrar-se. Separem logo o material que irão levar. Depois de amanhã o veículo de transporte chegará pela manhã bem cedinho e os levará para o portal de entrada. De lá em diante o amigo Índio já preparou os cavalos e a carroça que, como na viagem anterior, serão seus companheiros.

O Índio já preparou o cavalo que Rodrigo irá usar. Será o seu cavalo Hió, companheiro de várias encarnações suas. Eu não vou nessa viagem com vocês, então Rodrigo será o líder da expedição. Obedeçam a ele e não deixem de seguir as orientações do Índio e do Negro, pois como todos sabem, essa região é um *habitat* natural desses espíritos, e eles sabem como ninguém transitar nessa energia densa.

Ficarei por aqui orando para que tudo corra bem. Senhores e senhoras, tenham todos uma boa viagem – diz Daniel, estendendo as mãos e cumprimentando a todos.

– Nós é que lhe agradecemos esta oportunidade, Daniel – diz Rodrigo.

– Agora descansem e preparem-se para o resgate de Yara. Nina, acomode Soraya na ala das crianças.

– Sim, Daniel.

– Daniel, posso lhe fazer uma pergunta? – diz Felipe.

– Sim, Felipe! Claro que sim.

– O Rodrigo ainda há pouco me disse que ouviu de você que minha mãe está realizando uma tarefa e que provavelmente nós teremos dificuldade em convencê-la a vir conosco. Desculpe-me, Rodrigo, não quero que você me interprete mal, mas não posso conter a curiosidade de saber como a minha mãe está – diz Felipe.

– Felipe, aqui na vida espiritual não existe *desculpe-me* nem tampouco *ouvi dizer*. Aqui tudo é transparente e verdadeiro. Aqui não há fofocas e nem tampouco intrigas. O Rodrigo não teve a intenção de passar para você informações que fossem lhe prejudicar. Simplesmente ele também está tão curioso quanto você. Eu confesso que sei precisamente o que tem passado Yara e estou extremamente feliz com ela. Logo vocês poderão saber tudo direitinho, e olha, eu tenho certeza que lhes servirá de grande lição, um grande aprendizado e acima de tudo mais um ensinamento.

– Obrigado, Daniel, desculpe-me – diz Felipe.

– Fiquem calmos e serenos, a paz interior é muito importante diante de um desafio. O equilíbrio é tudo. Lembrem-se disso – diz Daniel serenamente. – Agora se preparem para a viagem.

Rodrigo, Lucas e Felipe se dirigem ao galpão principal onde pegam algumas roupas e equipamentos para a viagem.

Soraya e Nina se dirigem à ala das crianças; Nina pede a Soraya que tome conta das crianças enquanto ela está ausente.

– Soraya cuide de minhas crianças enquanto estarei fora nesta missão.

– Pode deixar, Nina, que cuidarei delas com todo o meu amor e carinho.

– Obrigada, Soraya.

Nina abraça Soraya com amor.

"A vida é aquilo que você deseja diariamente."

André Luiz

Dia 1

– Vamos, senhoras e senhores, o veículo nos espera – diz Rodrigo.

– Venha, Nina, entre – diz Felipe, segurando-a pela mão direita e auxiliando-a a entrar no veículo de transporte.

– Vamos, Lucas. Venha, Felipe – diz Rodrigo.

– Onde está o Índio? – pergunta Nina.

– Ele estará nos esperando na entrada do Umbral – diz Rodrigo.

– Senhores, sentem-se, que já vamos partir – diz Homero.

– Obrigado, Homero – diz Felipe.

Os veículos de transporte que transitam entre as colônias são muito parecidos com vagões de trem sem rodas. Eles flutuam sobre trilhos imaginários e assim as viagens costumam ser rápidas e confortáveis.

Dentro há poucos lugares. Eles são feitos de vidro, e os passageiros têm uma visão de tudo o que está à sua volta. O teto é de vidro e as paredes laterais são também de vidro.

Logo todos estão a viajar para a região mais densa de todas as regiões da Criação divina, o Umbral.

Após algum tempo apreciando a bela viagem, todos se preparam para desembarcar. No veículo estão Nina, Felipe, Rodrigo, Lucas, Sheila e Ernani, que pouco falou durante toda a viagem. Ernani logo é abordado por Rodrigo, que

OSMAR BARBOSA

está preocupado com sua reação e principalmente com o seu comportamento.

– Ernani, eu posso sentar-me aqui ao seu lado?

– Claro que sim, Rodrigo.

– Vejo que você está quieto e pensativo; o que houve, meu amigo?

– Nada, Rodrigo. Eu só estou um pouco preocupado, pois eu nunca fui ao Umbral. Esta é a minha primeira missão.

– Eu compreendo, Ernani. Mas fique tranquilo, pois estaremos com o Índio e ele tem muita experiência no Umbral.

– Sim, já me falaram sobre isso; disseram-me que sem ele ninguém deveria entrar no Umbral.

– Sim, os índios e outros irmãozinhos que já estão há bastante tempo nessa região são os mais indicados para estarem conosco nessa hora. Desculpe-me o inconveniente em trazê-lo para esta viagem, mas como você sabe, é necessário que um médico como você esteja conosco, que faça parte da caravana. Embora a doutora Sheila esteja presente, quis trazê-lo para sua primeira experiência neste lugar.

– Sim, Rodrigo, sem problemas, eu compreendo que na região para onde estamos indo os sentidos da carne ainda são muito presentes nesses espíritos, e a presença de um médico é necessária para que eles se sintam seguros, caso não queiram voltar conosco.

~ 85 ~

– Ainda bem que você aprendeu direitinho o que lhe ensinaram lá em Amor & Caridade.

– Sem dúvida, Rodrigo, o treinamento que nos é passado é fundamental nesta hora.

– É que eu achei que você estivesse preocupado com alguma coisa.

– Não, amigo, fique tranquilo, eu estou bem – diz Ernani.

– Está bem, amigo. Está bem – diz Rodrigo.

Após algum tempo o veículo começa a diminuir a velocidade como se estivesse se aproximando de seu destino.

– Senhoras e senhores, estamos chegando ao nosso destino. Não se esqueçam de seus pertences. Obrigado pela viagem e que nossa Mentora espiritual seja a vossa companheira nessa importante missão – diz Homero.

– Obrigado, Homero – diz Rodrigo.

O veículo estaciona em uma plataforma alta, feita de madeira com degraus que a sustentam flutuando sobre o solo lamacento dos portões do Umbral.

Rodrigo pode ver do lado de fora, que o Índio estava esperando por ele junto com outro homem, que eles chamam carinhosamente de Negro.

Todos descem lentamente pelos degraus indo ao encontro dos amigos que os esperam segurando pelas mãos as rédeas de oito cavalos. Rodrigo e todos descarregam do veículo seus pertences auxiliados por outros índios que fazem parte do grupo.

– Olá, Rodrigo, seja bem-vindo! – diz o Índio.

– Olá, amigos, vejo que vocês já prepararam tudo.

– Sim, os cavalos estão preparados. E olhe, meu amigo, ali está o seu cavalo Hió.

Rodrigo deixa todos para trás e anda a passos rápidos para encontrar seu amado cavalo, que o reconhece e começa a relinchar de alegria.

Ele corre para abraçá-lo e o acaricia, e assim permanece por alguns minutos como se estivesse matando uma saudade longa.

– Olha, Nina, como o Rodrigo é apaixonado pelo Hió – diz Felipe.

– Sim, Felipe, eu também já estava com saudades desse cavalo – diz Nina com os olhos marejados.

– Não chore, Nina, por favor, não chore!

– É que me lembro de diversos momentos em que vivemos eu, você, Rodrigo e Hió. Lembra-se?

– Sim, eu me lembro, com certeza. Lembro-me que Hió foi o cavalo que Jorge, da Capadócia, deu para o Rodrigo como presente. E essa lembrança o deixa muito triste, pois o faz lembrar-se de sua irmã Tirá e de seu pai.

– É verdade, Felipe – diz Nina, chorando.

– Não chore, Nina – diz Sheila, abraçando-a. – Venha, vamos arrumar nossas coisas em nossos cavalos. Afinal, já estamos no primeiro dia, e os dias aqui passam muito rápido, precisamos seguir adiante.

– Sim, Sheila, você tem razão. Venha, Felipe, vamos arrumar os cavalos.

Ernani já está montado em seu cavalo com Lucas, que está ao seu lado, esperando pelos companheiros.

– Venha, Rodrigo, temos que partir – diz o Índio.

– Sim, amigo, perdoe-me a perda de tempo, é que eu estava muito saudoso do meu amigo Hió.

– Sem problemas. Venha e monte em seu cavalo, que todos já estão prontos a lhe esperar.

– Amigo, por acaso sabe o caminho para encontrarmos com Yara?

– Sim, tenho este mapa que Daniel me passou pouco antes de sairmos da colônia no dia de nossa reunião – diz o Índio.

– Deixe-me ver, por favor – diz Rodrigo.

Rodrigo pega o mapa e o abre sobre um banco na estação.

– Nossa, nós teremos que andar tudo isso dentro do Umbral?

– Sim, por isso seria bom que começássemos logo a andar, Yara está um pouco distante de nós – diz o Índio.

– Vamos, sim – diz Rodrigo, que monta em seu cavalo e comunica a todos:

– Senhoras e senhores, daqui em diante nós temos que seguir as orientações do Negro e do Índio; não mexam em nada, não toquem em nada e não se distanciem do grupo. É muito importante que nada nos aconteça. É importantíssimo que nos mantenhamos em vigília durante toda a missão. Lembremo-nos de que somos espíritos mais evoluídos do que aqueles que encontraremos pelo caminho. O amor deve estar em frequência constante em nossos pensamentos e em nossas decisões. Nossos mentores espirituais nos deram a importante missão de resgate, somos e fomos capacitados para realizar esta tarefa com êxito. Mas antes de começarmos eu gostaria de proferir uma prece para que em todos os momentos de nossa caminhada estejamos guardados pelo amor do Cristo Jesus, nosso guia e modelo. Todos nós sabemos que nada nos afastará da vitória quando confiamos a Deus o nosso caminhar.

Todos concordam com um sinal afirmativo com a cabeça.

Rodrigo então sobe em seu cavalo e começa a proferir uma linda prece, invocando seu melhor amigo, Jorge da Capadócia.

Ó senhor meu Deus onipotente, que nos protegeis pelos méritos e as bênçãos, e Jorge da Capadócia. Fazei que este grande mártir, com sua couraça, sua espada e seu escudo, que representam a fé, a esperança, e a inteligência, ilumine os nossos caminhos... Fortaleça o nosso ânimo no resgate desta nobre irmã que agora se encontra no Umbral. Dê firmeza à nossa vontade, contra as tramas do mal, para que, vencendo na Terra, como Jorge venceu, possamos eu e meus amigos triunfar convosco, e participar das eternas alegrias da erraticidade. Que nada nos impeça de realizar esta nobre missão e que estejamos sempre seguros e protegidos onde quer que nos encontremos.

Amém.

Lentamente os cavalos começam a andar pela pequena e estreita estrada de barro. Todos estão emocionados com a prece feita por Rodrigo.

A cada curva da estrada mais escuro fica o lugar. Nina e Sheila se aproximam do Índio, pois assim se sentem mais seguras para viajar. Rodrigo está ao lado de Lucas, Felipe e Ernani. O Negro vem atrás de todos, dando segurança na retaguarda dos viajantes.

A densidão do Umbral se mostra em sua plenitude. Uivos de lobos são ouvidos por todos. Aves negras sobrevoam os viajantes. As poucas árvores que existem são negras e horrendas. Nina começa a se lembrar da sua última estada nessa região. Felipe se aproxima de Nina.

– Felipe, você se lembra de quando viemos buscá-lo?

– Sim, Nina, lembro sim. Mas confesso que não enxergava o Umbral como ele realmente é, como eu o vejo agora.

– Como assim?

– Quando você está vivendo aqui, você não conhece as coisas maravilhosas de Deus, e você nem imagina quão grande é o Pai que tudo criou. Você acaba achando que isso aqui é o fim da vida. Você se acostuma.

– Entendi, Felipe.

– Quando saímos daqui, Nina, é que nós, filhos dEle, começamos a compreender Seu amor. Começamos a enxergar a Sua grandeza.

– Verdade, Felipe. Eu tenho pena desses que optaram por viver eternamente no Umbral.

– Eu também. Se eu pudesse, tiraria todos eles daqui agora mesmo, e mostraria para eles como é linda a vida em sua plenitude, como é lindo viver pelo amor de Jesus e acima de tudo como é linda a vida eterna.

– Nossa, Felipe, há quanto tempo eu não ouço coisas tão bonitas assim! – diz Nina sorrindo.

– Este lugar me inspira, Nina, é isso.

– Como assim?

– Quando voltamos ao nosso passado, podemos fazer

uma analogia mais simples das coisas. Na verdade, viver pelas coisas materiais cria uma cegueira temporária que só se volta à realidade quando se passa pelo que eu passei. Lutei tanto para tirar minha mãe das drogas e da prostituição. Isso me custou uma encarnação inteira. Mas quando desencarnei e vim para cá, pude ver que basta querer para sermos úteis à obra do Criador. As coisas ficam mais fáceis quando o amor se sobrepõe às vontades, à ganância e principalmente às coisas do mundo. Se todos compreendessem que o maior tesouro está naquilo de bom que você carrega dentro de si, tudo seria mais fácil. Mas é assim, é por meio das provas e expiações que todos os espíritos alcançarão a tão sonhada evolução espiritual.

– Lindo, Felipe! É por isso que eu te amo ainda mais, a cada dia que convivo com você.

– Eu também te amo, Nina. Você é e sempre será a coisa mais importante da minha existência.

Nina aproxima seu cavalo do cavalo de Felipe e lhe pega a mão.

– Eu também te amo, Felipe.

– Sabe, Nina, eu não vejo a hora de reencontrar-me com a minha mãe.

– Fique calmo, já estamos a caminho, agora é questão de horas.

– É, eu sei; e eu nem sei como agradecer a todos vocês.

– Deixe de bobagens, Felipe. Você não tem que agradecer nada.

– Nina, ela é a minha mãe, e vocês não têm nada com isso – diz Felipe.

– Pare de falar bobagens, não diga coisas que você não sabe. Se Daniel nos mandou buscar sua mãe, é porque ela tem alguma importância em Amor & Caridade. Se não fosse assim ele mandaria outro grupo para buscá-la.

– Eu não tinha pensado nisso.

– Então não pense. Vamos seguir em frente.

– Você é demais, Nina.

O Índio, que vai à frente do grupo, levanta a mão direita e pede que todos parem.

Rodrigo acelera a marcha e se aproxima do Índio.

– O que houve, amigo?

– Olhe aquelas ciganas que estão à frente, parecem queimar um corpo. Um pobre homem.

– Deixe-me ir à frente e falar com elas, peça a todos que voltem e procurem abrigo – ordena Rodrigo.

– Espere que eu vá avisar a todos. Depois nós iremos juntos falar com as ciganas.

– Está bem, vou te esperar – diz Rodrigo.

O Índio volta atrás e pede ao Negro para juntar-se aos demais e ficarem unidos. Ele orienta que fiquem escondidos atrás de umas árvores retorcidas à beira da estrada.

– Vamos, Rodrigo, vamos falar com elas – diz o Índio se aproximando.

Cavalgando devagar, o Índio e Rodrigo se aproximam do grupo de ciganas que estão ateando fogo em um pobre espírito perturbado. Ao perceberem a aproximação, as ciganas se armam de punhais.

– *Buenas tardes, señoras* – diz Rodrigo.

– Que *buenas* o quê? – diz uma cigana vestida de vermelho e descalça.

– Por que vocês perturbam este pobre homem, senhoras?

– Isso não é de sua conta.

Lentamente o Índio desce do cavalo e se arma com uma lança.

– O que vocês querem conosco? – pergunta a que parece ser líder do grupo de aproximadamente vinte ciganas. Todas sujas e malvestidas.

– Queremos passar – diz Rodrigo.

– Quem é você? Vejo que também é cigano. Você é cigano?

– Sim, eu sou o cigano Rodrigo, e sinceramente lamento que vocês, ciganas tão bonitas, estejam perdendo seu tempo aqui no Umbral, e pior, maltratando este pobre homem indefeso.

– Fomos pagas para fazer isso.

– Pagas com o que? Como assim "pagas"?

– Recebemos bebida e cigarro para fazer isso com ele.

– Mas ele já não está encarnado, ele agora é como vocês; e a hora que ele perceber que é igual a vocês, logo vocês estarão em maus lençóis.

– Ele é um trouxa. Ele não percebe isso, nem se dá conta de que está morto – diz a cigana.

– Pois bem, senhoras, eu vou impor minhas mãos sobre ele e fazer com que ele recobre sua memória e, com certeza, as senhoras ficarão numa situação difícil – diz Rodrigo ameaçando as ciganas.

– Olha, Rodrigo, conhecemos sua fama de espírito de luz, e até dá para ver que realmente você é um espírito de muita luz. Vamos fazer assim: nós deixamos você passar com seu grupo e você nos deixa em paz.

– Senhoras, eu gostaria muito de atendê-las em suas reivindicações, mas meu coração cigano não permite que as coisas fiquem como estão. Vamos fazer assim, as senhoras se retiram imediatamente da estrada para que possamos passar e deixam esse pobre espírito em paz. Que tal?

– Irene, é melhor ouvirmos o que o Rodrigo está dizendo – diz uma cigana mais velha.

– Olha, Rodrigo, não é todos os dias que podemos ver homens tão belos e com tanta luz assim aqui por estas bandas. Vamos aceitar sua proposta. *Adios*, amigo – diz a cigana, assustada.

– Senhoras, antes de irem, façam uma reflexão sobre suas atitudes e seus atos. Bebidas e cigarros são coisas muito miúdas na Criação. Pensem que, como ciganas, vocês podem evoluir e seguirem para as colônias e ajudarem os seus a ajustarem-se à perfeição.

– Obrigada, Rodrigo, mas esta proposta não nos interessa – diz a cigana Irene. – Venham, meninas, vamos embora.

Uma atrás da outra as ciganas se afastam da estrada adentrando em uma mata escura deixando o pobre espírito caído no chão.

– Ernani! – grita Rodrigo.

Velozmente Ernani se aproxima, e atrás dele vem a doutora Sheila.

– Cuidem desse pobre espírito, por favor, irmãos!

– Pode deixar, Rodrigo – diz Ernani.

Ernani desce de seu cavalo, e junto com Sheila, começam a cuidar do espírito enfermo.

OSMAR BARBOSA

Muito machucado, o pobre homem agradece a Rodrigo e a todos os missionários naquele momento.

– Senhores, obrigado pela ajuda.

– De nada, senhor, agora procure se acalmar – diz Ernani.

– Eu pensei que elas fossem me matar – diz o velho.

– Elas não podem lhe matar. Você vem de onde?

– Eu venho de uma vida de muito sofrimento e desilusão.

– De onde você vem? – insiste Nina que acaricia as mãos do velho espírito.

– Minha filha, durante muitos anos atormentei muitas pessoas, fui um homem mal, sem escrúpulos, interesseiro, ganancioso e tudo de ruim que alguém pode ajuntar na Terra. Se não fossem vocês eu não conseguiria me libertar dessas mulheres que me perseguem neste maldito lugar. Eu deixei para trás todos os meus bens, pensei que com tantos imóveis e tanto dinheiro no banco eu deixaria a minha família feliz. Minhas empresas, minha lancha, minha casa de praia e tudo mais. Fui um homem que viveu para o dinheiro. Não acompanhei o crescimento de meus três filhos. Nunca fui a nenhuma festa com eles, eu sempre estava envolvido com os amigos e as farras que o dinheiro me proporcionava. Quando desencarnei minha família começou a brigar pela herança. Hoje, meus filhos não se

~ 97 ~

dão. Na verdade, eles são inimigos um do outro. Minha ex-mulher namora um rapaz bem mais novo, e ela gasta toda a minha fortuna com coisas inúteis. Eu tento interceder, mas toda vez que me aproximo deles essas ciganas aparecem e começam a me expulsar, a me maltratar. Eu queria mesmo era sumir definitivamente. Mas nem dormir eu consigo, parece que meu corpo, embora velho, não sente a necessidade de dormir. Aqui eu não acho remédios que me façam perder a consciência e esquecer tudo isso. Vivo em sofrimento. Hoje, eu vejo que perdi toda a minha encarnação com prazeres que não me acrescentaram nada. Hoje eu queria mesmo é estar em um lugar de paz e serenidade, onde pudesse evoluir e ajudar a espíritos que como eu sofrem terrivelmente aqui neste lugar horroroso.

– Meu Deus! – diz Nina.

– Obrigado, senhor, por me ajudar – diz o espírito ainda atordoado.

– Obrigado, jovem menina. Você se parece muito com a minha filha caçula.

Lágrimas começam a rolar no rosto do velho homem.

– De nada, meu amigo – diz Nina, acariciando-o.

– Obrigado, obrigado a todos vocês.

– Fique tranquilo, que elas não mais o incomodarão. Agora beba um pouco desta água – diz Rodrigo, estendendo-lhe um cantil com água magnetizada.

– Obrigado, amigos, obrigado mesmo!

– Qual o seu nome, senhor – pergunta Nina.

– Meu nome é José, José de Amâncio.

– Vou orar pelo senhor, seu José de Amâncio – diz Nina.

– Obrigado, linda jovem, muito obrigado!

Rodrigo se aproxima e se abaixa, acariciando a cabeça do pobre espírito que entra em sono profundo.

– O que você fez, Rodrigo? – pergunta Nina.

– Ele disse que nem sono sente. Eu o coloquei em sono de recuperação. Assim que ele acordar vai se sentir melhor.

– Mas quem lhe permitiu fazer isso?

– Nina, ele se arrependeu. Ele está arrependido por tudo o que fez. Agora basta que ele perca a vontade de perseguir os que ficaram encarnados para que sua evolução se concretize. Assim que acordar ele vai pensar de forma diferente. E se Deus quiser, ele vai encontrar-se no caminho da luz. Agora deixe-o debaixo daquela árvore, e vamos seguir em frente, temos uma longa viagem ainda – diz Rodrigo apontando para uma árvore onde eles estavam escondidos.

– Perdoe-me questioná-lo, Rodrigo – diz Nina.

– Fique tranquila, Nina.

Após deixarem o velho confortavelmente dormindo, todos seguem viagem. Nina cobre o corpo do pobre homem com uma coberta dada pelo Índio.

Ernani monta em seu cavalo após auxiliar Sheila a montar no dela.

– Vamos *adelante*, amigos!

– Vamos sim, Rodrigo.

Todos voltam a cavalgar, agora em velocidade maior; a noite dá seus primeiros sinais no negro e escuro céu do Umbral.

Após duas longas horas de cavalgada, o Índio convida a todos para descansarem e ali passarem a noite.

– Já sabemos que durante a noite é muito perigoso, inclusive para ficarmos andando pelo Umbral, não é mesmo, Felipe?

– Sim, Nina.

– Então vamos montar nosso acampamento e descansar; amanhã logo cedo partiremos ao encontro de sua mãe.

– Não vejo a hora de encontrá-la.

– Isso mesmo, Felipe, logo, logo estaremos com Yara – diz Rodrigo.

– Rodrigo!

– Sim, Nina.

– Será que o Índio não tem aquele chazinho da última viagem?

– Vou ver com ele.

– Obrigada.

Rodrigo vai até onde está o Índio, os cavalos e o Negro.

– Senhores, boas-noites!

– Boa-noite, Rodrigo – diz o Negro.

– Boa-noite, amigo – diz o Índio.

– Por acaso você tem aquelas ervas com que fez aquele chá? Lembra-se? Foi da última vez que estivemos aqui para buscar Felipe, você se lembra?

– Sim, me lembro muito bem – diz o Índio. – Tenho sim, vou preparar e levo para todos.

– Obrigado, amigo!

– De nada, Rodrigo!

O Índio então tira de uma sacola presa à sua cintura uma mistura de ervas que põe para ferver em uma pequena chaleira que já se encontrava na fogueira, acesa para aquecer água e os animais.

Após preparar o chá, o Índio leva para os amigos. O Umbral é muito frio.

– Olha quem está vindo com o nosso chazinho – diz Sheila, feliz.

– É ele, nosso amigo, o Índio – diz Felipe.

– Nossa! Esse chazinho é muito bom – diz Nina.

O Índio se aproxima e distribui em pequenas canecas o chá feito com muito carinho.

Todos bebem e agradecem a gentileza do amigo.

– Obrigada, Índio, pelo chá – diz Nina.

– De nada. Agora descansem, amigos, porque o dia de amanhã não será fácil para nossa viagem.

– Por que? – pergunta Rodrigo, sentado em uma pedra próximo a Nina e Felipe.

– Amanhã será um dia muito chuvoso aqui no Umbral.

– Por que ainda chove tanto aqui, Rodrigo? – pergunta Ernani.

– É. Por que chove aqui, Rodrigo? – reforça Lucas, curioso.

– A chuva é usada como um elemento de purificação aqui no Umbral. Como vocês já sabem, o Umbral é um lugar de muitas energias deletérias que se condensam no ar. A chuva serve como um elemento de pureza para equilibrar as energias daqui. Como um filtro natural.

– Por isso tanta lama? – pergunta Lucas.

– Sim, Lucas, por isso tanta lama – diz Rodrigo.

– Então deve chover aqui quase todos os dias? – pergunta Sheila.

– Sim, quase todos os dias chove por aqui; num dia a chuva é fraca, noutros dias são verdadeiros temporais.

– Nossa! – diz Nina.

– Mas isso é bom, porque equilibra as energias. Só dificulta a quem, como nós, está aqui em missão.

– É verdade – diz Felipe. – Lembro-me de que quase todos os dias chovia muito por aqui e a água tem um gosto muito ruim.

– Verdade, Felipe, essa água é o depurador das energias ruins que nela ficam impregnadas – diz o Índio.

– Que coisa horrorosa! – diz Nina.

– Sim, meus amigos, mas tudo tem um objetivo, lembrem-se disso.

– Pode deixar, Rodrigo, nós nunca esqueceremos esses ensinamentos.

– Rodrigo, posso lhe perguntar uma coisa?

– Sim, Ernani.

– Outras colônias enviam caravanas como a nossa para realizarem resgates aqui no Umbral?

– Sim, claro. Todas as colônias têm missionários que

descem a essa região para resgatarem aqueles espíritos que serão assistidos por eles em suas colônias. Exemplo disso é Nosso Lar que tem um núcleo especialmente criado para essas missões.

– Podemos nós resgatar algum espírito para encaminharmos para outra colônia?

– Sim, quando formos convocados. Você se lembra do resgate coletivo que fizemos no Peru?

– Sim, me lembro muito bem.

– Foi lá que resgatamos aquelas quinhentas almas* – diz Nina.

– Sim, fomos convocados pela ordem suprema a auxiliá-los no resgate daquelas quinhentas crianças. Sendo assim nós podemos ser auxiliares de outras colônias e até de outros planos.

– Entendi, obrigado, Rodrigo – diz Ernani.

– Obrigado pela pergunta, Ernani. Agora vamos descansar porque, como o Índio disse, amanhã será um dia muito difícil – diz Rodrigo.

– Vamos sim. Boa-noite a todos – diz Nina.

– Boa-noite, amigos – diz o Índio.

Rodrigo espera que todos durmam para se reunir com o Índio num local afastado do grupo.

---

* O resgate das 500 crianças está no livro 500 Almas, do mesmo autor.

Após algum tempo.

– Índio, eu preciso falar com você.

– Diga, meu amigo.

– Vamos nos afastar mais um pouco.

– Sim, amigo, vamos sim.

Rodrigo e o Índio se afastam ainda mais do grupo que dorme vigiado pelo Negro que monta guarda para protegê-los.

– Perdoe-me perturbá-lo com essas perguntas, mas eu posso dar uma olhada no mapa que o Daniel lhe entregou? Estou curioso para saber em que região Yara está.

– Claro que sim, amigo, olhe – o Índio tira o mapa de outra sacola presa à sua cintura.

Rodrigo então pega o mapa das mãos do Índio e confirma as suas suspeitas.

– Bem que eu estava desconfiado.

– Do que você estava desconfiado, Rodrigo?

– Olhe este mapa – diz Rodrigo, aproximando-se do Índio.

– Sim, o quem tem aí demais?

– Não vê que essa é uma das piores regiões deste lugar?

– Sim, eu sei bem onde fica.

– Mas Daniel nos disse que Yara estaria num lugar melhor e de fácil acesso.

– Olha, Rodrigo, eu não sei o que Daniel disse para vocês. Se disse na minha frente, eu não me lembro, mas posso lhe assegurar que Yara está em um lugar melhor sim.

– Mas como? Esta região é uma das piores regiões que existem aqui, e entrar lá não é nada fácil, amigo – diz Rodrigo.

– Fique calmo e tranquilo, Rodrigo.

– Eu estou tranquilo, o problema será o Felipe e a Nina entrarem num lugar desses; você se esqueceu de que eles trabalham com crianças lá em nossa colônia?

– Mas é exatamente por isso que estamos indo para lá – diz o Índio.

– Mas de quem foram essas ordens tão absurdas? – pergunta Rodrigo.

– De nossa Mentora, ora bolas! De quem poderia ter sido?

– Meu Deus, agora é que o negócio vai ficar pior – diz Rodrigo, assustado.

– Pior por que, Rodrigo, por quê?

– Nina e Felipe são cuidadores de crianças. Já viveram algumas encarnações nessa condição, e nunca passou pela cabeça deles que esse lugar pudesse existir. Eles não sabem desse lugar.

– Rodrigo, vamos confiar em nossos superiores e seguir com nossa missão – diz o Índio.

– Sim, Índio, eu não vou refutar minhas escolhas, mas confesso que não estou entendendo por que Yara está neste lugar.

– Vá descansar, meu amigo. Amanhã seguiremos em frente, não adianta tentar tirar conclusões daquilo que ainda não nos foi revelado.

– Sim, eu sei disso, mas me preocupa. Essa equipe que veio conosco aqui hoje é muito inexperiente. O Ernani, por exemplo, nunca desceu a essa região, é um espírito puro, cheio de boas intenções e bondade em seu coração.

– Sei bem disso, Rodrigo.

– A Nina está aqui pela segunda vez. Embora ela já tenha passado algumas vezes por esta região, ela veio nesta missão porque é a mãe de Felipe que viemos buscar. O Felipe, então, nem se fala. Ele ficou aqui durante um tempo e todos os dias orava à nossa Mentora pedindo por Yara.

– Mas Rodrigo, se você não sabe por que Yara está lá, muito menos eu.

– Sim, Índio, e é isso que está me deixando sem entender. Daniel não me falou que Yara está nesta região.

– Ele deve ter um propósito, você conhece Daniel melhor do que qualquer um de nós.

– É verdade! O que será que Daniel está me aprontando desta vez?

– Eu não faço a menor ideia, agora vamos dormir, porque já está muito tarde.

– Está bem, meu amigo, boa-noite e desculpe-me incomodá-lo com minhas incertezas – diz Rodrigo.

– Boa-noite, Rodrigo, descanse em paz.

Rodrigo vai para sua barraca e tenta descansar, preparando-se para mais um dia da missão. Seus pensamentos ficam sem entender por que Daniel não lhe revelou onde Yara estava.

"Se cada um de nós consertar de dentro o que está desajustado, tudo por fora estará certo."

André Luiz

"Em hora alguma proclame seus méritos individuais, porque qualquer qualidade excelente é muito problemática no quadro de nossas aquisições. Lembre-se de que a virtude não é uma voz que fala, e, sim, um poder que irradia!"

André Luiz

Dia 2

É manhã no triste e nebuloso Umbral.

– Bons-dias, senhoras e senhores – diz o Índio, aproximando-se de todos.

Ernani acorda assustado do sono profundo.

– Bom-dia, senhor Índio.

– Bom-dia, Índio – diz Nina, ajeitando os cabelos que lhe cobrem a face.

– Bom-dia, doutora Sheila; bom-dia a todos – diz o Negro aproximando-se e trazendo em sua mão uma chaleira cheia de chá quentinho.

– Tomem o chá que acabei de fazer e preparem-se para seguirmos viagem.

– Obrigado, senhor – diz Lucas.

– Onde está o Rodrigo? – pergunta o Índio.

– Não sei – diz Nina.

– Ele deve estar com os cavalos, sabe como é; ele gosta muito de animais – diz Lucas.

– É verdade, eu vou olhar – diz o Índio, afastando-se.

O Negro serve o chá a todos, que rapidamente começam a arrumar suas coisas, preparando-se para seguir em frente.

O Índio se aproxima do local onde os animais estão e vê Rodrigo acariciando seu cavalo Hió.

– Bom-dia, Rodrigo!

– Bom-dia, meu amigo!

– Acordei a todos. Precisamos seguir adiante – diz o Índio.

– Sim, vamos sim, os animais já estão prontos. Podemos seguir *adelante*.

– Então venha tomar um pouco de chá!

– Vou sim, obrigado!

O Índio e Rodrigo voltam ao acampamento para conversarem sobre o dia de viagem.

– Você vai contar a Nina e aos demais para onde estamos indo? – pergunta o Índio.

– Não, ainda não. Acho mais conveniente eles saberem quando estivermos próximos aos portões de entrada.

– Como preferir.

– Obrigado, Índio.

– De nada, amigo, de nada. Agora vamos montar e seguir em frente.

– Vamos todos, peguem seus cavalos e vamos seguir.

Um forte temporal se anuncia no cinzento céu do Umbral. Trovões e raios começam a incomodar os viajantes.

Nina aproxima seu cavalo do cavalo Hió que Rodrigo monta, Felipe repete e os três passam a cavalgar praticamente colados uns aos outros.

– Rodrigo, perdoe-me lhe perguntar, mas você não acha conveniente que nos abriguemos em algum lugar seguro para esperar que a chuva passe?

– Nina, essa chuva não vai passar; coloque algo sobre seu corpo e vamos seguir mesmo com chuva, afinal só nos restam três dias.

– Rodrigo, na verdade Nina está é com medo – diz Felipe.

– Eu também tenho medo, Nina, mas confio em nossa proteção. Aprenda uma coisa, Nina: o medo é a ferramenta dos fracos, dos que não têm fé, *"porque tudo é possível ao que crê"*. (Marcos 9:23)

– Obrigada, Rodrigo, vou acalmar meu coração, pode deixar – diz Nina.

– Fique perto de Nina, Felipe – ordena Rodrigo.

– Sim, Rodrigo, pode deixar, não vou desgrudar nem um minuto dela.

– Ernani! – grita Rodrigo.

Rapidamente Ernani emparelha seu cavalo com Hió.

– Ande bem perto de Sheila, proteja-a de qualquer coisa.

– Pode deixar, Rodrigo.

Obedecendo às ordens de Rodrigo, Lucas e Ernani aproximam-se de Sheila para protegê-la no temporal que se inicia.

OSMAR BARBOSA

Rajadas de vento quase derrubam os viajantes de seus cavalos. À frente do grupo o Negro vai vistoriando todo o caminho a seguir. O Índio anda a poucos metros à frente do grupo. Todos estão cobertos por ponchos, distribuídos pelo Índio. A estrada está muito enlameada e os cavalos agora têm muita dificuldade para galopar.

Preocupado com todos, o Índio orienta o caminho a seguir com uma lança enfeitada com fitas coloridas que leva em sua mão direita. Assim, com muita dificuldade e em silêncio, a viagem prossegue até que todos chegam a um vale onde se pode ver uma grande muralha coberta pela vegetação local.

– Olha, Rodrigo, olha aquele lugar! Pela primeira vez eu consegui ver alguma coisa verde neste lugar horroroso – diz Nina.

– Sim, Nina, e é para lá que estamos indo – diz Rodrigo.

– Que lugar é esse?

– Quando chegarmos mais perto, explico a todos vocês para onde estamos indo.

– Por que esse mistério, Rodrigo?

– Não é mistério não, Nina. É que prefiro falar uma vez só para todos.

– Entendi. Perdoe-me a intromissão.

– Sem problemas, ainda estamos muito distantes e precisamos parar um pouco para os cavalos descansarem.

~ 115 ~

– Veja, Rodrigo, há uma caverna ali na frente; podemos nos abrigar dessa chuva que não para.

– Fiquem aqui, que vou pedir ao Índio para ir lá e verificar.

Nina levanta o braço direito e todos param seguindo as orientações de Rodrigo.

Mais à frente Rodrigo encontra com o Índio.

– Amigo, podemos parar naquela caverna?

– Podemos sim, Rodrigo, mas aviso logo que lá existem moradores, mas são espíritos bons que estão ali por opção.

– E seremos bem recebidos?

– Eles costumam tratar bem os visitantes. Façamos assim: vou à frente e converso com eles; esperem um pouco embaixo daquelas árvores lá – indica o Índio com a lança.

– Faremos assim, obrigado!

Rodrigo volta cerca de vinte metros onde estão os amigos lhe esperando e avisa que vão esperar o retorno do Índio.

Abrigados sob uma árvore alta, mas com poucas folhas negras, a caravana espera pelo retorno do Índio.

Logo o Índio retorna e avisa a todos:

– Podemos ir, mas não fiquem impressionados com o que irão encontrar pela frente. Eles estão acostumados a receber visitas, apenas ficam aborrecidos quando nós reagimos de forma negativa quando estamos perto deles.

– Têm espíritos lá? – pergunta Nina.

Todos estão curiosos quando Rodrigo toma a palavra.

– Aqui no Umbral vocês poderão ver de tudo o que já viram nas encarnações de vocês e até coisas que nunca viram. Nunca se esqueçam de que o Umbral é uma região purgatória, vêm para cá os espíritos que necessitam de ajustes ou que se afinam com os sentimentos e com as energias deste lugar. Deus é perfeito, e sendo assim todos os Seus filhos têm e terão sempre as oportunidades necessárias à sua evolução pessoal. Por vezes Ele se utiliza de elementos para que haja a evolução de grupos, mas isso vocês não encontrarão no Umbral. Aqui se desfaz tudo aquilo que você adquiriu de ruim em sua encarnação ou em suas encarnações. Insistir é um erro. Quando você insiste em seguir determinado caminho contrariando as Leis, você se torna algo contrário ao todo, e isso certamente o trará para esta região.

– Eu compreendi, Rodrigo, mas que criaturas são essas?

– Olhe, a chuva está forte. Os cavalos, embora sejam uma formação perispiritual condensada por nosso desejo e nossa vontade, precisam de descanso. Quanto mais tempo ficarmos aqui, mais afetados somos pelas energias deletérias deste lugar. Vamos entrar nas cavernas, secar nossas roupas, dar de comer e beber aos cavalos e depois vamos seguir para os portões.

– Sim, vamos – concordam todos.

– Índio, você vá à frente, que estamos atrás de você.

– Pode deixar, Rodrigo.

Assim todos seguem em fileira para a região próxima ao local em que estão, onde há várias cavernas, e já se pode ver que há espíritos lá dentro, pois se pode ver a luz das fogueiras acesas.

Nina sente um misto de medo e curiosidade. Lucas está próximo a Sheila e Ernani.

– Rodrigo, você não respondeu à minha pergunta?

– Fique tranquila, Nina, confie em mim.

"Você domina as palavras não ditas, porém está subordinado àquelas que pronunciou!"

André Luiz

Desilusão

A chuva castiga o lugar, há muita lama, o que dificulta o cavalgar dos animais. Quase não se pode ver um ao outro. Rodrigo joga para Felipe uma corda presa a seu cavalo, que serve como guia para todos. Lentamente eles se aproximam das cavernas.

Há uma grande caverna para onde o Índio se dirige e leva consigo os amigos. O Negro prefere não entrar e fica do lado de fora fazendo a segurança do grupo, embaixo de um relevo de pedras.

– Venha, Rodrigo, deixe seu cavalo comigo – diz o Índio, segurando as rédeas de Hió.

Rodrigo desce de seu cavalo e auxilia todos a descerem dos seus. O Índio leva então os cavalos para uma parte lateral da caverna onde amarra os animais. Nina aproxima-se de Rodrigo.

– Rodrigo, eu não vejo ninguém por aqui – diz Nina tirando de sobre si a roupa encharcada.

Felipe se aproxima, pega a roupa molhada de Nina e procura um lugar seco para estendê-la. Lucas, Ernani e Sheila fazem o mesmo. Há uma fogueira acesa, onde todos se aproximam para se aquecer.

O Índio se aproxima de Rodrigo trazendo a seu lado um velho homem, que anda com muita dificuldade.

Nina corre para ampará-lo. E o auxilia a aproximar-se da luz para que se aqueça junto à fogueira. Ao olhar seu rosto, todos ficam impressionados com a deformidade, mas Nina continua a ajudar o velho ancião.

– Sejam bem-vindos, meus amigos de luz! – diz o velho, amparado por Nina.

– Nós é que agradecemos sua acolhida, senhor – diz Lucas, impressionado.

– Quem são vocês? De onde vocês vêm?– pergunta o velho.

– Somos da Colônia Espiritual Amor & Caridade – diz Ernani.

– Sejam bem-vindos, não temos muito para oferecer, mas aqui está quentinho. Lá fora só faz chover. E o frio é de doer até os ossos.

Nina auxilia o velho a sentar-se em uma pedra estrategicamente colocada como uma cadeira em frente à fogueira.

OSMAR BARBOSA

– Obrigado, minha jovem! – diz o velho.

– De nada, senhor! – diz Nina.

Todos se sentam e ficam impressionados com as marcas e deformidades do espírito à frente.

– Vocês estão impressionados comigo? – pergunta o velho.

– Não, senhor, claro que não. Só não estamos entendendo bem por que o senhor mantém essa forma – diz Felipe, assustado.

Rodrigo olha firmemente para Felipe como se estivesse reprimindo a sua dúvida.

O velho diz:

– Meu jovem cigano, não fique a cobrar desses meninos o que eles ainda não são capazes de compreender. Saibam meus filhos, que estou aqui no Umbral há aproximadamente trezentos anos; vim para cá após desistir de reencarnar e depurar-me para seguir em frente. Não quero evoluir. Esta é a minha opção. Não adianta eu me mostrar como um espírito bonito que não sou. Eu poderia ajustar-me para não ficar com essa aparência que faz com que todos tenham nojo de mim, mas isso não me importa. Sinceramente não me importa.

Nina interrompe o velho senhor.

~ 123 ~

– Mas senhor, por que desistir? Por que não tentar?

– Minha linda jovem, preste atenção em uma coisa que vou lhe contar: fui um homem que teve muitas oportunidades, na verdade eu tive centenas de oportunidades e as desperdicei. Agora eu colho os frutos daquilo que plantei. Espere, por favor! Quero lhe apresentar algumas pessoas – diz o ancião batendo algumas vezes com sua bengala no chão de terra batida.

O velho então insiste batendo com sua bengala no chão como se desse uma ordem a alguém para aproximar-se. Oito espíritos que estavam escondidos aparecem e lentamente eles se aproximam de todos. O Índio empunha sua lança, como a mostrar a todos que ele está protegendo o grupo.

– Fique tranquilo, amigo Índio, eles não vão atacar vocês – diz o velho.

Oito espíritos se aproximam, dentre eles duas crianças. Todos são deformados. Alguns rastejam pelo chão. Todos se mostram deformados. Nina fica assustada e cobre o rosto com as mãos e começa a chorar.

O velho volta a falar:

– Não se assuste, linda jovem. Essa é a minha família. Olhe, essa é a minha esposa; essa é a irmã dela e esses são meus filhos.

Nina fica desesperada com a cena e se agarra a Rodrigo, que a acolhe com carinho. Felipe fica ao lado de Nina e rapidamente a abraça.

– Não se assustem, por favor, eles não vão fazer nenhum mal a vocês.

– Por que vocês não saem dessa situação? Por que vocês não nos pedem ajuda? – diz Lucas.

– É, por que vocês não pedem ajuda? – diz Ernani, amparando uma das crianças que se aproximaram dele.

Aproxima-se do grupo uma velha que anda sobre os joelhos, pois não tem a parte de baixo das pernas. Ela traz xícaras de chá e oferece a todos.

– Podem beber! Essa é a minha esposa. Ela fica muito feliz quando recebemos visitas.

Rodrigo acena com a cabeça autorizando todos a beberem.

– Isso, bebam, bebam de nosso chá.

– Mas o senhor ainda não nos respondeu – insiste Lucas.

– Sabe, meu jovem, como eu já lhes disse, estamos nestas condições há muito tempo. Na verdade, nós experimentamos diversas encarnações de ajuste e nos foram de muito pouca valia essas experiências.

– Como assim – pergunta Nina, secando os olhos.

– Somos um grupo de espíritos que já estamos juntos há milhares de anos, e durante milhares de anos sempre encarnamos como deficientes físicos para nos ajustarmos por nossas faltas anteriores. Vivemos centenas de encarnações e não conseguimos o ajuste necessário. Por isso estamos aqui. Não queremos mais nenhuma oportunidade.

– Senhor, pelo amor de Deus, o senhor não pode fazer isso – diz Nina.

– Posso sim, senhorita, posso sim. A vida é minha e faço dela o que quiser.

– Mas estas crianças, elas precisam de oportunidades!

– Estas crianças são meus filhos, e da vida de meus filhos cuido eu.

Nina ficou assustada com a resposta. Rodrigo colocou sua mão direita sobre as mãos de Nina como se dissesse: calma, não insista.

– Se é esta sua escolha, senhor, nada podemos fazer – diz Rodrigo, interrompendo a conversa.

– Sim, esta é nossa escolha. E aqui vivemos felizes, sem sermos perturbados por ninguém, pois ninguém que vive aqui suporta visitar o Vale dos Aleijados.

– Vale dos Aleijados? Como assim? – pergunta Nina.

– Minha menina, todas essas cavernas estão habitadas por espíritos como nós, que não querem mais oportunidades de ajustes, que já se conformaram com suas imperfeições e preferem viver assim.

– Meu Deus! – diz Nina.

– Você pode ficar com seu deus, ele foi muito mal com todos nós; e se quer saber, ele não manda ninguém aqui para nos ajudar. A última vez que vimos espíritos iluminados como vocês por aqui, foi há mais de cem anos. Por isso nós preferimos viver sem seu deus.

– Querido amigo, nós estamos aqui para servir aos propósitos do Criador. Saiba que em qualquer momento você pode se arrepender e voltar atrás em suas vontades e principalmente em suas atitudes. Saiba que nosso Deus de amor e bondade não nega a Seus filhos as oportunidades evolutivas. Nós já entendemos que vocês, que vivem aqui no Vale dos Aleijados, desistiram, pois suas provas, com certeza, são bem piores do que daqueles que podemos chamar de simples mortais. "A cada um sua prova, essa é a lei."

– Nós sabemos disso, cigano, sabemos disso – diz a velha senhora, que serve o chá.

– Pois bem, eu agradeço o chá que nos foi servido, agradeço sua acolhida, mas temos que seguir nossa viagem – diz o Índio.

– Sem problemas, amigos. Podem ir.

Rodrigo se levanta e todos repetem seu gesto menos Nina, que fica acariciando uma criança de aproximadamente uns sete anos e que está jogada a seus pés. Ela tenta se levantar quando a criança murmura alguma coisa incompreensível. Nina então aproxima seu ouvido para tentar ouvir o que a criança diz.

– Diga, meu anjo, o que você quer me dizer?

Nina se abaixa e consegue ouvir uma voz rouca e fraca.

– Tia, meu nome é Moema, me ajude!

Nina fica sem atitude e totalmente comovida com o pedido. Ela então pega Rodrigo pelo braço e se afasta do grupo. Todos se levantam e ficam na porta de entrada da caverna.

– Rodrigo, a criança está me pedindo ajuda, o que faço?

– Primeiramente, tenha calma, Nina.

– Calma, Rodrigo?! Ela é uma menina de uns sete anos!

– Eu sei, Nina, mas nada podemos fazer neste momento. Nós não viemos aqui para isso. Essa não é a nossa missão – adverte Rodrigo.

– Meu Deus, por que tudo está assim?

– Calma, Nina! Vamos orar à nossa Mentora para que esta família seja ajudada, isso é o melhor que nós podemos fazer neste momento.

– Ah, meu Deus! – diz Nina, chorando novamente.

– Não chore, espere aqui fora. Eu preciso falar com vocês todos antes de seguirmos adiante.

– Tá bem, Rodrigo.

O Índio percebe que chegou a hora de Rodrigo dar a notícia a todos, e chama-os para uma breve reunião um pouco mais afastados da entrada da caverna. A chuva começa a ficar mais fraca, possibilitando a todos seguirem viagem.

Todos estão reunidos esperando pelas palavras de Rodrigo. Ele então se aproxima e comunica a todos:

– Amigos, quando nós viemos para cá, viemos com as instruções de que Yara estaria num lugar bem melhor, e eu até calculei que cinco dias seriam muito para resolvermos essa questão. Acontece que Yara está numa região onde temos que ter o máximo de prudência e cuidado. Lá, onde ela está – confesso, não sei por que ela foi para lá – é um lugar onde vocês vão ver coisas bem piores do que viram aqui hoje. O Vale dos Suicidas é o pior lugar do Umbral.

– Meu Deus, o que é que minha mãe está fazendo no Vale dos Suicidas? – diz Felipe, assustado. – Eu mesmo a resgatei e a ensinei a orar, cuidei dela e pedi que ela se mantivesse em oração que eu, um dia, viria buscá-la.

– Eu também não sei, Felipe – diz Rodrigo.

– Mas por que será que ela foi para lá, Rodrigo? – pergunta Lucas.

– Pouco sabemos, Lucas. Talvez Daniel soubesse, mas não me contou.

– Quer dizer que aquele lugar que vimos com muros enormes é o Vale dos Suicidas?

– Sim – diz o Índio.

– E como é que nós vamos entrar lá? – pergunta Ernani.

– Nós, índios, temos livre acesso a essa região.

– Compreendo – diz Ernani.

– Mas Rodrigo, Daniel não lhe falou nada? – indaga Sheila.

– Não, ele não me falou nada. Mas se é para nós irmos, temos que ir. Agora vamos montar em nossos cavalos e seguir para as proximidades dos portões. Amanhã cedo adentramos ao Vale dos Suicidas.

– Vamos então – dizem todos.

Todos se voltam e agradecem ao velho ancião a acolhida. Nina se aproxima das crianças e diz em seus ouvidos.

– Vou orar muito a Deus e pedir que Ele me permita um dia vir aqui buscar vocês. Prometo-lhes isso, anjinhos.

Nina beija suavemente a testa de uma criança que parece compreender o que ela diz.

Após montarem em seus cavalos, todos seguem viagem até próximo à entrada principal. E ali resolvem acampar e esperar pelo terceiro dia de viagem.

"Todo mal por nós praticado conscientemente expressa, de algum modo, lesão em nossa consciência, e toda lesão dessa espécie determina distúrbio ou mutilação no organismo que nos exterioriza o modo de ser."

Chico Xavier

Dia 3

Um novo dia se inicia. Densas nuvens cobrem todo o céu do frio e fedorento lugar. O Índio determina a todos que se mantenham no local do acampamento, pois ele próprio vai ao portão principal negociar a entrada do grupo.

– Bom-dia, Rodrigo!

– Bom-dia, Nina!

– Ainda não podemos seguir adiante, Rodrigo?

– Ainda não, Nina. Nós temos que esperar a volta do Índio.

– O que ele foi fazer lá?

– Foi negociar a nossa entrada.

– Mas é necessário?

– Sim, apesar de sermos o que somos, tudo é controlado por espíritos ainda superiores a nós.

– Como assim, Rodrigo?

– Nina, todos os planos de Deus estão sob o domínio dEle e do governador espiritual da Terra que, como todos sabem, é o nosso amado irmão Jesus. Embora seja uma região densa e de muito desgaste para todos, o Umbral também tem um gerenciamento. É ao espírito que toma conta dessa região que temos que pedir permissão para entrar, mesmo que essa permissão já tenha sido tratada por Daniel, mas precisamos checar se estamos mesmo autorizados a entrar neste lugar. Nada acontece por acaso, lembre-se disso.

~ 134 ~

OSMAR BARBOSA

– Verdade, nada é por acaso.

– Sim, tudo está sendo cuidado de perto por Ele.

– Isso me deixa muito feliz, porém muito curiosa também – diz Nina.

– Pergunte-me. Eu estou aqui para auxiliá-los no que for possível – diz Rodrigo, humildemente.

Lucas, Ernani e Felipe se aproximam para participarem do ensinamento às portas do Vale dos Suicidas.

– Vou aproveitar que todos chegaram aqui para lhe perguntar, Rodrigo, por que Yara está aqui e não na caverna que Felipe construiu para ela?

– Bem, Nina, isso nós só saberemos quando nos encontrarmos com Yara, mas desconfio que seja por ela ter sido usuária de drogas durante muito tempo. Eu não tenho certeza.

– Como assim? – pergunta Felipe.

– Felipe, o uso excessivo de qualquer substância que danifique seu corpo físico ou o seu perispírito é considerado como droga, é um suicídio, mesmo que não intencionado. O fumo, a bebida em excesso e o uso de drogas sintéticas ou naturais causam lesões que precisam ser reparadas, e para que o reparo seja feito é necessário o expurgo dessas energias. Fumar é cometer suicídio. Beber é cometer suicídio.

– Não, Rodrigo, o vício não é intencionado. Vício é vício – diz Lucas.

~ 135 ~

– É sim, Lucas, qualquer um pode se tratar e livrar-se dos vícios, para isso Ele já permitiu que a ciência disponibilizasse medicamentos capazes de ajudar o ser a livrar-se do mal. Há centenas e diversas formas de cuidar-se para não se ter a necessidade de vir para este lugar horrível.

– Isso é verdade – diz Nina.

– Existem diversos tratamentos que são muito eficazes para curar os vícios. E, além disso, existem ainda as casas espíritas, as clínicas de recuperação e centenas e milhares de instituições totalmente voltadas a ajudar pessoas que são dependentes químicas.

– Nisso concordo plenamente – diz Felipe.

– Além disso, o indivíduo tem que querer. Quando você deseja muito uma coisa, tudo à sua volta conspira para que você consiga atingir seu objetivo. Lei de ação e reação, lembrem-se.

– Verdade, Rodrigo – diz Ernani.

– Mas minha mãe já tinha passado pelo Vale dos Suicidas quando eu a encontrei e cuidei dela – diz Felipe.

– Sim, sabemos disso, Felipe, mas ela deve ter um motivo muito especial para voltar para esse lugar, vamos esperar. Daqui a pouco poderemos entrar e encontrá-la, e quando a encontrarmos ela nos explicará seus motivos.

– Não vejo a hora de encontrar-me com minha mãe.

– Compreendemos sua ansiedade, Felipe – diz Nina, abraçando-o.

– Vejam, o Índio está voltando.

O amigo guerreiro chega trazendo em suas mãos seis colares prateados e brilhantes.

– O que é isso, amigo? – pergunta Nina.

– São as suas credenciais.

– Como assim?

– Estes colares vão tornar vocês imperceptíveis dentro dessa região.

– Como assim, amigo? Perdoe-me, mas não estou entendendo – diz Felipe, assustado.

– O Vale dos Suicidas é um lugar que neste momento em que vive a Terra está lotado de almas que desejam ajuda e querem a qualquer custo sair daqui. Como todos sabem o planeta está em fase de transformar-se de provas e expiação para regeneração. Este colar que vocês irão usar permite-lhes passar por eles sem serem percebidos. Entendem?

– Sim, mas é necessário? – pergunta Sheila.

– Sim, doutora. Esses irmãos que vivem aqui estão desesperados, e podem tentar alguma coisa contra nós – diz Rodrigo.

– Bom, não vamos questionar muito nosso amigo; vamos colocar o colar e entrar logo, afinal estamos no terceiro dia.

– Só uma pergunta.

– Sim – diz o Índio.

– Por que você e o Negro não precisam usar este colar? – pergunta Nina, curiosa.

– Nós somos daqui – respondeu o Negro.

– Entendi, não pergunto mais nada.

(Risos.)

Todos colocam os colares e montam em seus cavalos. Assim, logo estão passando pelos portões do Vale dos Suicidas. As primeiras cenas são deprimentes, diversos corpos estão pendurados em árvores, são espíritos que morreram enforcados e que se encontram ainda nessa situação desacordados. Urubus de aproximadamente dois metros ficam muito próximos desses corpos esperando uma oportunidade para comê-los.

Nina fica extremamente assustada e é amparada por Felipe.

– Rodrigo, por que esses espíritos ainda estão assim?

– É simples, Nina, eles ainda acham que estão enforcados e não conseguem compreender-se por completo.

– Por que isso acontece?

– Porque é assim que eles se sentem, eles não conseguem modificar seus pensamentos.

– E ninguém faz nada para ajudá-los?

– Só você pode se ajudar, ninguém pode interferir nas suas colheitas.

– Desculpe-me, Rodrigo, tinha me esquecido disso.

– Colhe-se o que se planta, não né, Nina? – diz Lucas.

– Sim, Lucas, é isso mesmo.

– Esperem – diz o Índio.

– O que houve?

– Fiquem aqui, eu já volto.

– Está bem – diz Rodrigo, ordenando a todos que parem e esperem.

Galopando em alta velocidade, o Índio se dirige a um ponto de luz muito distante. E todos ficam a esperar.

– Vamos descer dos cavalos para que eles possam descansar – ordena o Negro.

– Sim, venha, Nina. Venha ver uma coisa – chama Felipe.

– Olhe lá embaixo.

– O que? Não consigo ver nada, só escuridão e medo.

– Olhe atentamente ali – aponta Felipe para um lugar à direita de onde eles estão.

– Sim, posso ver, o que será aquilo? Olha, Rodrigo, venha ver.

Rodrigo se aproxima.

– Olhe, o que é aquilo?

– Lá embaixo?

– Sim, parecem animais.

– E são, Nina.

– Mas como assim, animais aqui no Umbral?

– Sim, tudo é permitido nas coisas de Deus. Esses animais auxiliam seus donos que cometeram suicídio a se recuperarem.

– Que lindo! – diz Sheila.

– Muito legal mesmo! – afirma Ernani.

– Jesus, como tu és bondoso! Veja só, permitir que os animais fiquem ao lado de seus donos aqui no Umbral e os auxiliem a melhorar.

– Isso mesmo, Nina, esses cães e gatos, além de outros que não podemos ver daqui, vêm para cá assim que desencarnam para auxiliar seus donos.

– Que maravilha! – diz Lucas.

– Vejam, o Índio está voltando – diz Ernani.

– Estou vendo – diz Rodrigo.

O Índio se aproxima.

– Podemos ir agora – diz o amigo.

– O que houve que você nos fez parar?

– Havia uns espíritos que precisavam se afastar para que pudéssemos passar.

– E você resolveu isso sozinho?

– Não, Rodrigo, nós nunca estamos sozinhos neste lugar.

– Como assim? – pergunta Lucas.

– Eu e o Negro estamos viajando junto de vocês, mas para a nossa segurança alguns amigos meus e do Negro viajam ao nosso redor. Funcionam assim as coisas aqui.

– Mas nós não vimos ninguém – diz Felipe.

– Vocês não precisam vê-los, bastas senti-los.

– Podemos sentir?

– Sim, agucem suas percepções e vocês sentirão que ao nosso redor existem muito mais coisas do que o nosso sentido pode perceber.

– Interessante isso – diz Lucas.

– Vamos em frente, amigos, a hora urge.

– Sim, vamos, Rodrigo.

Todos montam em seus cavalos. O grupo volta ao caminho estreito onde só dois cavalos passam de cada vez.

Rodrigo vai à frente ladeado por Nina, atrás vêm Felipe e Sheila. No final, Ernani e Lucas. Um pouco distante, atrás de todos, vem o Negro.

O Índio está à frente do grupo, quando um pequeno vilarejo é avistado.

– Olhe, é esse o lugar em que está sua mãe, Felipe – diz Rodrigo.

– Como você sabe, Rodrigo?

– Eu vi no mapa que o Índio carrega.

– Rodrigo, minha mãe sabe que nós estamos vindo para buscá-la?

– Acredito que não, Felipe.

– Nossa, então vai ser uma surpresa e tanto para ela, né?

– Sim, eu espero que sim.

– Meu Deus, não vejo a hora de encontrá-la! – diz Felipe, ansioso.

– Senhores, nós temos que atravessar este riacho e passar por esta campina – diz Rodrigo.

– Venham um a um – diz o Índio após atravessar o riacho de águas negras.

– Vá na frente, Nina – diz Rodrigo.

– Obrigada.

Todos passam sem maiores problemas, apesar do cheiro insuportável do lugar.

– Vamos atravessar esta campina e adentrarmos aquela vila. Lá, encontraremos Yara – diz o Índio.

A vila é estreita, escura e lamacenta e tem trinta e seis casas, dezoito de cada lado. A rua está deserta, mas pode-se ouvir barulho de pessoas conversando que vem de dentro das casas. Nina fica assustada com o lugar, mas esperançosa.

– Vocês estão ouvindo o que eu estou ouvindo?

– Eu estou ouvindo vozes que parecem ser de crianças, Nina.

– Rodrigo, existem crianças aqui?

– Nina, lembre-se das palavras de Jesus, quando Ele diz: *"onde estiver teu tesouro, aí estará também o teu coração"*. (Mateus 6:21) Lembra-se?

– Sim, eu me lembro.

– Pois bem, existem sim crianças aqui no Umbral.

– Meu Deus, o que faço agora?

– Em primeiro lugar tenha calma, Nina – diz Felipe, assustado.

– Calma, como pode um lugar horrível deste ter crianças? Como elas podem se desenvolver aqui? Vejam, nem uma rua decente tem para elas brincarem.

– Calma, Nina! Olhe, o Índio achou a casa de Yara.

O Índio para em frente à residência de número dezoito. Ele desce do cavalo lentamente e se dirige à varanda. Bate três vezes na porta e espera ser atendido. Felipe desce rapidamente do cavalo e se aproxima do amigo à espera que sua mãe abra a porta.

– Tenha calma, Felipe – diz Nina, preocupada.

Todos descem de seus cavalos. O silêncio toma conta do lugar.

– Acho que eles perceberam que estamos aqui – diz Nina, olhando para os lados.

– Sim, eu também tenho essa sensação – diz Lucas.

– Fiquem calmos, venham todos para o meu lado – diz o Índio.

– Parece-me que eles estão com medo de abrir a porta, Nina – diz Felipe, preocupado.

– Bata na porta novamente – sugere Rodrigo.

O Índio imediatamente bate, desta vez mais forte na frágil porta de madeira. Após alguns segundos todos ouvem uma voz rouca e cansada responder.

– Quem é? O que quer aqui? Vá embora.

– Mãe! – grita Felipe.

O silêncio se faz, e por algum tempo todos ficam preocupados, calados e emocionados.

A porta se abre lentamente e Yara surge velha e cansada.

– Felipe, é você, menino?

Felipe corre e se atira nos braços de Yara. Todos ficam muito emocionados.

Yara mal consegue segurar o corpo do jovem e saudável Felipe.

– Mãe, minha mãezinha, que saudades de você! Oh, meu Deus, obrigado por poder estar aqui com você, mamãe.

– Meu filho, que saudades!

– Olha se não é aquele lindo cigano, como é mesmo seu nome?

– Rodrigo, mamãe. Ele é o Rodrigo – diz Felipe, emocionado.

– Sim, venha aqui, lindo rapaz, deixe-me abraçá-lo.

Rodrigo aproxima-se e abraça carinhosamente Yara.

– E essa jovem linda, quem é, Felipe?

– Essa é a Nina, mamãe. Você não se lembra dela?

– Não me recordo, mas não importa. Venham, entrem, por favor. Não reparem a simplicidade da minha casa.

Todos entram na humilde casa. Só o Índio e o Negro ficam do lado de fora a vigiar a pequena vila.

– Sentem-se – diz Yara, apontando para as diversas cadeiras existentes no lugar.

– Mamãe, por que você veio para cá?

– Ah, Felipe, isso é uma longa história.

– Mas isso não importa, o que importa mesmo é que nós viemos para buscar você – diz o jovem, emocionado.

– Meu Deus, isso é sério, cigano?

– Sim, Yara, nossa Mentora espiritual nos ordenou o seu resgate.

– Mas e as crianças, como elas vão ficar?

– Como assim, "crianças"? – pergunta Felipe.

– Felipe, eu fiquei algum tempo lá naquela caverna que você arrumou para mim. Um dia me apareceu Emanuelle, que estava precisando de ajuda. Ela estava muito perturbada e tinha fugido daqui, do Vale dos Suicidas, não sei como ela conseguiu isso, já que os muros são bem altos e ninguém consegue passar. Mas ela conseguiu. Daí eu fiquei cuidando dela até que um dia apareceram uns guardiões à procura dela. E eles queriam a todo custo trazê-la para cá. A princípio eu não quis deixar, mas eles me convenceram de que era o melhor para ela, e realmente era. Agora eu vivo aqui e cuido de seis meninos e duas meninas que estão aqui e precisam de mim, incluindo Emanuelle.

– Mamãe, que loucura é essa? Você aqui cuidando de crianças?

– Ué, as coisas aqui são assim, Felipe. Você acha que por ser criança você não pode vir para um lugar como este? Para onde vão os filhos de assassinos quando se tornam assassinos também? Para onde vão crianças envolvidas em crimes?

– Mas mamãe, nós nunca poderíamos imaginar que isso fosse possível.

– Mas é possível e justo, Felipe. Essas crianças tiveram suas oportunidades e simplesmente pelo fato de serem crianças abusaram da bondade divina, e é necessário seu ajuste para que possam seguir construindo dentro de seu ser a consciência de que mesmo em idade infantil as leis de Deus devem ser respeitadas. Todas as crianças que vêm para o educandário tiveram suas oportunidades evolutivas. Todas receberam o chamado, mas infelizmente a maldade dentro de seus corações foi maior que a bondade divina. Eu descobri que posso ser útil aqui. E assim passei a cuidar dessas crianças enquanto os seus pais ou seus anjos guardiões não aparecem para buscá-las.

– Que lindo, Yara! – diz Nina.

– Sim, que lindo, dona Yara! – diz Lucas.

– Obrigada a vocês.

– Mas tudo bem, mamãe, agora você precisa preparar suas coisas e seguir conosco para a nossa colônia.

– E as minhas crianças, o que será delas?

– Mamãe, nós viemos buscar você e não sabíamos dessas crianças. Por favor, não me invente desculpa para não seguir conosco.

– Felipe, mantenha a calma – diz Rodrigo.

– Felipe, eu me afeiçoei a essas crianças, não posso deixá-las assim – diz Yara.

– Só me faltava essa agora – diz Felipe, assustado.

– Sua mãe tem razão, Felipe, provavelmente ela passou a gostar dessas crianças; deixá-las agora me parece mesmo complicado – diz Nina.

– Sim, senhorita, é isso mesmo. Como posso deixá-las aqui sozinhas sem ninguém para ampará-las?

– Mamãe, eu orei por muito tempo pedindo a Deus que me desse esta oportunidade, e agora você me fala isso, o que devo fazer?

– Felipe, você sempre foi um bom menino. Desde o dia em que você entrou em minha vida foi sempre para me ajudar, para me melhorar. Eu sei que a saudade e a necessidade de estarmos juntos lhe afetam, pois isso me afeta também. Vamos refletir e tentarmos achar uma saída para essa situação.

– Rodrigo, será que nós não podemos levar essas crianças para nossa colônia? – pergunta Nina.

– Não é essa a ordem que temos, Nina.

– É, eu sei, mas não tem como você conversar com Daniel?

– Posso até tentar, não me custa nada. Mas Yara, onde estão as tais crianças?

– Elas estão na escola.

– Como assim, "escola" aqui no Umbral?

– Todos sabem que só se sai daqui quando se modifica a forma de pensar e viver. Isso aqui é pior do que as prisões que vocês construíram na Terra. Daqui só se sai com uma transformação profunda. E para que tudo isso se complete é bom lembrar que elas são crianças que tiveram uma oportunidade evolutiva na Terra, mas que se recusaram a aceitar. Aqui, ou você estuda ou fica pela eternidade.

– Que lindo seu trabalho, Yara! – diz Nina.

– É, Nina, eu agradeço todos os dias a Deus essa oportunidade, mas infelizmente muitas crianças ainda ficam relutantes e não querem evoluir, e vivem por aí sofrendo e perturbando quem é do bem.

– Sério que isso existe aqui? – pergunta Lucas.

– Sim, meu rapaz, isso é uma realidade também aqui no Umbral – diz Rodrigo.

– Meu Deus! – diz Sheila.

– Temos um impasse agora, mamãe. Nós viemos buscar você e você tem as crianças. Rodrigo, você pode falar com Daniel?

– Vou tentar me comunicar com ele.

– Obrigado, meu amigo – diz Felipe.

– Rodrigo, fale com Daniel sobre as crianças.

– Pode deixar, Nina.

– Enquanto vocês resolvem isso, vou preparar alguma coisa, afinal a viagem deve ter deixado a todos com sede.

– Obrigada, Yara, obrigada – diz Nina.

Yara se levanta e vai até a cozinha acompanhada por Sheila, que se oferece para ajudá-la. Nina e Felipe permanecem na sala. Rodrigo sai para a parte de fora da casa acompanhado de Lucas.

– Venha, Lucas, vou tentar me comunicar com Daniel.

– Sim – concorda o jovem.

Ambos deixam a casa e se dirigem à rua.

"... O teu trabalho é a oficina em que podes forjar a tua própria luz."

Emmanuel

OSMAR BARBOSA

Soraya

Colônia Espiritual Amor & Caridade.

– Daniel, Daniel!

– Sim, Marques.

– A menina Soraya ainda não voltou para Nosso Lar.

– Eu sei.

– Mas ela vai continuar aqui, conosco?

– Sim, Marques, ela ainda tem algumas coisas para serem resolvidas aqui.

– E eu posso ajudar em alguma coisa?

– Pode sim, Marques, me faça um favor.

– Sim, Daniel, claro que sim, o que você deseja?

– Pegue um copo com água para mim, por favor!

– Sim, claro, Daniel.

Marques se dirige até um móvel branco no lado direito da sala de Daniel onde se encontram uma jarra com água magnetizada e dois copos. Ele enche um copo com o líquido e traz até Daniel.

~ 153 ~

– Pronto, Daniel, aqui está a água.

– Obrigado, Marques, mas a água não é para mim. Por favor, beba um pouco, você está precisando refrescar a garganta, afinal você não parou de falar depois que entrou nesta sala.

– Mas Daniel, eu não estou com sede.

– Então me faça um favor.

– Sim, Daniel, o que quer que eu faça?

– Coloque um pouco de água na boca e não engula.

– Mas Daniel.

– Faça isso, por favor, Marques.

– Sim, senhor.

Marques coloca um pouco de água na boca e fica sentado olhando para Daniel que trabalha normalmente sem olhar para seu fiel amigo.

Após algum tempo Daniel ordena:

– Marques, vá à ala das crianças e peça a Soraya para vir com você até aqui, mas até chegar lá mantenha a água na boca.

Marques acena, concordando com a cabeça, e sai do gabinete.

Após algum tempo Soraya entra no gabinete de Daniel.

– Mandou me chamar, Daniel?

– Sim, Soraya, sente-se, por favor.

– Precisa de mais alguma coisa, Daniel? – pergunta Marques.

– Preciso que você beba mais um pouco de água.

– Agradeço sua preocupação, mas tenho algumas coisas para resolver em minha sala, mais tarde eu volto aqui.

– Vai, Marques, vai sim; se precisar, eu mando lhe chamar – diz Soraya, penalizada com a situação.

– O que houve com ele, Daniel?

– Nada não, Soraya, Marques é muito agitado, e às vezes preciso dar umas lições a ele, só isso. Bom, mas vamos ao que interessa.

– Sim, pode falar – diz Soraya.

– Como você já sabe, nossos amigos foram ao Umbral para buscar Yara.

– Sim, eu sei, e estou aguardando o regresso deles conforme combinamos.

– O que eles não sabiam é que chegando lá encontrariam uma Yara totalmente modificada.

– Que bom, Daniel!

– Sim, ela aprendeu muito estando lá, e será para eles uma lição de grande valia.

– O que será que os espera?

– Ensinamentos, é isso, ensinamentos. Muita coisa mudou em Yara, e eles terão que se convencer que, juntos, podem fazer muito por aqueles que estão ao lado dela.

– O que ela está fazendo lá?

– Logo você saberá, Soraya.

– Obrigada pela oportunidade, Daniel.

– Nada é por acaso, Soraya. Agora eu preciso que você cumpra outra missão para mim.

– Nossa, será que sou digna de ajudá-lo em uma missão?

– É claro que sim – diz Daniel.

– O que é que você precisa de mim?

– Preciso que você vá com Gabriel buscar um menino que vai desencarnar na Terra, vítima de um assassinato.

– Nossa! Sem problemas, Daniel. Eu não tenho muita experiência nisso, mas se for para ajudar, pode contar comigo.

– O Gabriel já está sabendo de tudo. Eu tinha certeza que você não iria refutar essa missão e já preparei tudo. Vá até o galpão número três e siga com ele para a Terra para o resgate.

– Obrigada pela oportunidade, Daniel.

– Eu é que agradeço por ter vocês aqui para me ajudarem.

– Posso ir, então?

– Sim, Soraya. Vá, porque o Gabriel está lhe esperando. Você sabe quem é o Gabriel, não sabe?

– Sei sim, vim com ele de Nosso Lar.

– Então, encontre-o e siga para o resgate.

– Pode deixar. Obrigada.

– Boa viagem! – diz Daniel.

Soraya sai da sala e se dirige rapidamente ao galpão determinado, onde Gabriel a espera. Logo os dois já estão a caminho da Terra para o resgate solicitado.

O Resgate

Soraya e Gabriel chegam a uma escola, as crianças correm brincando pelos corredores. É hora do intervalo. Algumas estão pelos jardins sentadas com suas mochilas abertas ao lado degustando um lanche trazido de casa.

Outras estão sentadas em grupos conversando. Tudo está muito tranquilo, quando subitamente surgem quatro homens fortemente armados e começam a atirar indiscriminadamente nas crianças.

Algumas não têm chance de se levantar e ficam estiradas ali mesmo, atingidas pelas balas. Outras ainda conseguem correr. É um ataque terrorista, muito comum no país em que estas crianças vivem.

Nicolas está escondido atrás da quadra onde fuma um baseado de maconha com dois outros meninos maiores que ele.

Curioso com o tiroteio, Nicolas e seus amigos correm para a escola para verem o que está acontecendo, quando friamente um dos assassinos mira um tiro certeiro em seu peito e atinge seu coração.

Seu frágil corpo cai desfalecido no chão. Soraya o segura enquanto Gabriel coloca sobre sua testa a mão direita, induzindo o jovem menino a um sono profundo. O socorro chegou bem a tempo de não permitir sofrimento ao jovem rapaz.

Nicolas não sente dor. A comoção é geral. Pais, professores e alunos correm desesperados; todos estão sem entender os acontecimentos. Viaturas da polícia começam a chegar ao lugar. Intenso tiroteio é travado entre policiais e assassinos.

Os quatro bandidos são assassinados. Vários espíritos estão ao redor dos corpos ensanguentados, cada grupo de socorro cumpre sua missão de resgate.

Soraya traz em seus braços o jovem Nicolas.

– Venha, Soraya, vamos levá-lo – diz Gabriel.

– Sim, Gabriel, vamos adiante.

Assim eles entram no veículo de transporte que os levará ao local de descanso e refazimento do jovem rapaz.

Esse veículo é muito parecido com os veículos usados nos transportes entre as colônias; a diferença é que são pequenos e só há espaço para quatro espíritos. São veículos rápidos e seguros.

Nicolas, o pequeno irmão de Mariah, agora está desencarnado e isso certamente vai abalar fortemente Rogéria e Paulo.

Mariah está no galpão de recuperação e nem imagina o que está acontecendo com sua família.

Rogéria está tentando se recuperar da perda de Mariah e certamente enfrentará muitas dificuldades com a perda do seu único filho ainda encarnado.

Paulo, como já sabemos, tenta desesperadamente salvar o pouco que restou de sua família. Essa batalha é pessoal e intransferível como sempre ensina Daniel a seus amigos em suas palestras na Colônia Amor & Caridade.

"Com o coração se pede. Com o coração se procura.
Com o coração se bate e é com o coração
que a porta se abre."

Santo Agostinho

Educandário

Nina está sentada ao lado de Felipe, esperando pela bebida que Yara foi buscar na cozinha.

– Nina, que esquisito esse papo de escola aqui no Umbral, você não acha? – diz Felipe.

– Sim, também achei muito estranho, mas Rodrigo confirmou, e isso me deixa mais tranquila.

– O que será que estas crianças aprendem aqui na escola?

– Matemática é que não é né, Felipe?

– Sim, claro que não é esse tipo de ensino, eu só gostaria de saber o que eles ensinam aqui – diz Felipe.

– Nós temos nossa escola lá na colônia. E lá nós ensinamos as crianças a amarem ao próximo. Essa é a base de toda a educação.

– Sim, eu sei, mas lá estamos evangelizando nossas crianças porque elas nunca tiveram contato com as coisas de Deus; será que aqui as escolas têm a mesma função?

– Provavelmente – diz Nina.

Yara chega à sala trazendo uma jarra amarela em uma bandeja. Sheila traz alguns copos em outra.

– Pronto, meu filho, trouxe-lhe a melhor bebida dessas bandas.

– Obrigado, mamãe!

– O que é que se bebe aqui, Yara? – pergunta Nina.

– Água, minha querida, água – risos.

– Como assim, mamãe?

– Água limpa e boa aqui é coisa rara, como vocês já puderam ver, nós só temos aqui aquele rio de águas negras e nojento.

– Realmente passamos por ele para chegarmos aqui – diz Ernani.

– Sirvam-se, por favor – diz Yara, colocando a bandeja sobre a mesa no centro da sala.

Sheila serve a água a Nina e Felipe, Yara enche uma caneca que trouxe na outra mão, senta-se e começa a explicar para Nina, Felipe, Sheila e Ernani as coisas que acontecem no Umbral.

– Vejo que a curiosidade é grande dentro de vossos corações, não é mesmo? – diz Yara.

– Sim, Yara, estávamos nos perguntando o motivo de vocês terem aqui uma escola para crianças.

OSMAR BARBOSA

– Nina, as escolas aqui têm uma função muito especial. Aqui, nós não temos crianças abaixo de sete anos, todas que vêm para cá estão entre dez e dezesseis anos. A maioria delas veio para cá porque se envolveu com drogas, ou praticou algum crime, ou até mesmo porque negou a existência de uma força sublime. Na verdade, essas crianças são o reflexo da criação que tiveram e do descaso da sociedade. Elas vêm para cá sem nunca terem estudado a palavra de Deus, e é essa a função maior das escolas do Umbral. Hoje, a incidência de crimes praticados por menores é muito grande, principalmente devido à facilidade que os traficantes de drogas têm em selecioná-las para o crime. No Brasil, que é o maior fornecedor de menores para o Umbral, as leis são fracas e propositais. Nós estamos recebendo um número bem maior, até maior que nossa capacidade operacional aqui. Acreditamos que em breve haverá uma expansão desse lugar, lamentavelmente.

– E como se dá o processo de recuperação? – pergunta Nina.

– Veja bem, Nina, não existe punição para os filhos de Deus como todos vocês já estão cansados de saber. O que existe é justiça. Leis que têm que ser respeitadas. Leis naturais. Há muito tempo a humanidade anda desrespeitando essas leis, e assim tudo o que se planta se colhe. Você pode colher seus males onde estiver, e todos sabem disso.

Todos vocês sabem que de tempos em tempos os planetas se ajustam para o que chamamos de recomeço. Isso eu acredito que sua Mentora espiritual possa lhes explicar melhor. O que sei é que está chegando a hora em que muitos desses espíritos que tiveram centenas de oportunidades não poderão mais habitar neste orbe. É isso o que sei.

– Sim, nós também estamos acompanhando esse momento, até estamos envolvidos em uma missão neste sentido – diz Nina.

– Sim, mamãe, isso já é assunto corriqueiro nas colônias; estamos saindo da era de provas e expiação e estamos indo para o tempo da regeneração.

– Então fica muito fácil para vocês compreenderem o que está acontecendo aqui.

– Como assim, mamãe?

– Nós, que estamos aqui há mais tempo, estamos preparando essas crianças para reencarnarem. Elas sairão daqui diretamente para as colônias que cuidam da reencarnação. As colônias superiores já estão abarrotadas e nos foi oferecida esta oportunidade.

– Olha, mamãe, que legal! – diz Felipe.

– Sim, meu filho, foi e é uma oportunidade redentora para muitos que estão aqui. O que sabemos é que o tempo é curto e que estes que estão partindo daqui agora são os últimos.

– Eu me sinto orgulhoso de você, mamãe – diz Felipe se levantando e abraçando Yara.

– Obrigada, meu filho! Realmente perdi muito tempo destruindo minhas oportunidades. Mas agora os tempos são outros. Tive uma oportunidade e não desperdicei. E isto foi e está sendo muito bom para mim.

– É, mamãe, e não foram poucas as oportunidades.

– Sim, mas para Deus um dia é como um milênio e um milênio é para Ele como um dia, então você pode se recuperar. Ou melhor, você pode recuperar todo o tempo perdido com um gesto, uma só atitude, com uma só decisão.

– Muito bom, Yara, parabéns, é isso mesmo! – diz Nina, feliz.

– Posso abraçá-la? – diz Nina.

– Sim, claro, meu amor!

Todos se levantam e abraçam Yara. O ambiente é coberto de fluidos de cor violeta e as feições de Yara começam a rejuvenescer.

– Eu é que agradeço a Deus todos os dias por ter sido você, Felipe, o meu filho. Sabe, depois que você foi embora, fiquei pensando nas coisas que você me dizia; fiquei observando sua conduta. Um menino que nunca fez mal a ninguém e que escolheu morrer por mim e ficar nesse lugar nojento me esperando desencarnar. Isso sim, é bondade.

– Não foi nada, mamãe. Eu faria tudo de novo se fosse necessário.

– Eu sei, meu filho, eu sei disso; e muito lhe agradeço por seu caráter.

– Vocês são espíritos que estão há muito tempo ligados – diz Rodrigo, entrando na sala.

– Você estava ouvindo nossa conversa, Rodrigo?

– Sim, Nina. Eu não consegui me comunicar com o Daniel e fiquei sentado ali fora meditando e ouvindo a conversa de vocês e quero parabenizar a todos por este momento tão especial.

– Nós é que agradecemos a você, Rodrigo, que já está aqui pela terceira vez, para ajudar a mim e a meu filho, Felipe.

– Yara, quando você chegar à Amor & Caridade e passar pelo sono da recuperação, muita coisa lhe será lembrada. Você vai descobrir que tudo isso que estamos passando tem um motivo.

– Eu imagino que sim. Uma coisa eu já descobri aqui.

– O que, Yara?

– Nada é por acaso.

Todos riem, felizes.

O Índio bate à porta.

– Pode entrar, amigo – diz Rodrigo.

– Com licença.

– Entre, senhor – diz Yara.

– Algumas crianças estão vindo para cá.

– Sim, são minhas crianças, deixe-as entrar.

– Sim, senhora.

Uma a uma as crianças vão entrando na sala, todas cumprimentam os convidados. Nina fica emocionada com as roupinhas em farrapos que as crianças vestem. Os cadernos em pedaços estão amarrados a um farrapo de pano. Algumas têm na outra mão um lápis preto com uma borracha na parte superior.

Nina se ajoelha e começa a abraçar uma a uma. Todas são extremamente gentis, educadas e carinhosas.

A maior de todas conduz as crianças para o encontro com Nina, advertindo-as que têm que cumprimentar as visitas.

– Boa-tarde a todos – diz Emanuelle, uma menina de apenas doze anos.

– Venham aqui, crianças – diz Yara, perfilando todas de frente para Nina e Felipe e começam as apresentações.

– São elas: Emanuelle, de doze anos; Janice, de onze anos; esse é o João, que tem treze anos; esse é o Júnior, que acabou de fazer dezesseis anos; esse é o Basílio, de quinze anos; e esse outro é o Fernando, de treze anos. Esse é o Pedro, que tem doze anos e, finalmente, o Marcondes, de catorze anos.

– Muito prazer em conhecer todos vocês – diz Nina, emocionada.

– Esses são os meus amigos: esse é o Felipe, essa é a doutora Sheila, esse é o doutor Ernani e esse é o Lucas. Ah, esse é o Rodrigo. E esse moço que permitiu-lhes a entrada é o amigo Índio.

– Muito prazer! – dizem as crianças.

– Tia, esse moço é doutor por quê? – pergunta a curiosa Emanuelle.

– Ele é um médico, Emanuelle – diz Nina.

– Nossa, que legal! Agora nós temos um médico aqui em casa – diz Fernando.

– Engraçado, tia... Esse médico se parece muito com o médico que cuidou de mim lá no hospital, quando eu estava muito doente – diz Janice.

Os olhos de Ernani ficam marejados. Mas ele se mantém em silêncio e troca um estranho olhar com Nina.

– Com licença, temos que cuidar de nossos afazeres – diz Júnior, o mais velho e responsável pela organização das crianças.

– Sim, Júnior. Vá e leve as crianças para o quarto e estudem a lição de hoje. Mais tarde vocês poderão conversar mais com nossos convidados.

– Obrigado, tia – diz Júnior.

– Tchau, tia – se despede Emanuelle.

As crianças saem da sala sem questionar a ordem dada por Yara.

Rodrigo, Nina e todos ficam muito impressionados com a educação dos pequeninos.

– Felipe, venha comigo até a cozinha, me ajude a preparar o jantar.

– Sim, mamãe, vá indo que já vou ajudá-la.

Yara vai para a cozinha e deixa os convidados sentados na sala. O único que está de pé é Rodrigo.

Todos se entreolham na sala como se estivessem perdidos. E agora? O que fazer?

– Rodrigo, me perdoe insistir nesse assunto, mas por que essas crianças tão lindas estão aqui neste lugar?

– Nina, essas crianças cometeram crimes e por isso estão aqui.

– Mas são só crianças, Rodrigo! Olhe a Emanuelle, por exemplo, só tem doze anos, não é justo que ela fique aqui.

– Quem somos nós para falar de justiça, Nina? Quem somos nós? Emanuelle colocou veneno de rato na comida de sua irmã, pois ela achava que sua mãe gostava mais de uma do que da outra.

– Mas isso é normal em uma criança, Rodrigo. Crianças aprontam mesmo.

– Sim, concordo com você, mas Deus sabe que na hora que ela foi colocar o veneno seu coraçãozinho lhe dizia para não fazer aquilo e ela não ouviu a voz que vinha de dentro dela mesma.

– Mas Rodrigo, ela é só uma criança.

– Nina, uma coisa eu posso lhe assegurar: até uma criança, por menor que seja, já sabe o que é o sentimento do bem e o sentimento do mal. Deus é perfeito e fala com toda a Sua criação por meio dos sentimentos.

– Eu sei disso, Rodrigo, só não acho justo.

– Vamos analisar assim: todos nós sabemos que as coisas daqui são muito parecidas com as de lá, não são?

– Sim – diz Lucas.

– Então, o que se vê hoje no planeta?

– Como assim, Rodrigo?

– Hoje, as sociedades de todo o mundo abandonam suas crianças à própria sorte. Em todas as sociedades as crianças, de alguma forma, estão abandonadas.

– Concordo plenamente com você, Rodrigo – diz Nina.

– Sim, Nina, as crianças em alguns continentes servem de mercadoria de troca. Em outros, são abusadas ainda na infância. E nas piores, são abandonadas nas ruas à própria sorte, convivendo assim com o mundo das drogas, prostituição e muito mais.

– Isso é verdade.

– Este lugar aqui é um filtro depurador dessas pequenas almas. Repare nas palavras de Yara quando ela diz que as evangeliza para seguirem daqui para as colônias de reencarnação. Este lugar é necessário para centenas e milhares de espíritos, não tenham dúvidas.

– Poxa, Rodrigo, como eu aprendo com você! – diz Ernani, emocionado.

– No começo fiquei meio em dúvida quando você começou a explicar, mas agora vejo que tudo faz sentido. Se uma criança vive nas ruas, em favelas ou em lixões que se parecem muito com este lugar, nada mais justo que venha para cá e aqui se depure para seguir adiante.

– É isso mesmo, Ernani, muito boa sua observação – diz Rodrigo.

– Obrigado, amigo.

– Bem, agora precisamos tentar um contato com Daniel para saber nosso próximo passo, pois tenho certeza, Felipe, que sua mãe não vai querer voltar conosco sem as crianças. E pior, não temos permissão para levá-las.

– Não tinha pensado nisso – diz Nina com os olhos marejados.

– Não chore, Nina – diz Felipe.

– Não estou chorando, só não sei se vou voltar com vocês e deixar essas crianças aqui.

– Olha, Nina, vamos agir com prudência. Eu vou tentar outro contato com Daniel e saber dele se podemos levar as crianças.

– Faça isso, por favor, Rodrigo – diz Sheila.

– Pode deixar, Sheila, vou insistir na comunicação. Agora, Felipe, vá até a cozinha e ajude sua mãe a preparar o jantar. Eu vou lá fora tentar falar com Daniel.

– Está bem, Rodrigo. Venha, Sheila, venha nos ajudar.

– Sim, Felipe.

Nina fica sentada na sala com Ernani, enquanto Rodrigo

e Lucas vão para a parte de fora da casa. Lá, o Índio está sentado ao lado do Negro.

– Índio!

– Sim, Rodrigo!

– Lembra-se daquele lugar por onde passamos ao vir para cá no qual havia uma árvore bem alta?

– Sim, lembro-me bem onde fica.

– Podemos ir até lá?

– Sim, vamos!

– Pegue os cavalos, por favor, Negro!

– Sim, Rodrigo.

Os quatro espíritos de luz saem pela estrada à procura do lugar recomendado por Rodrigo.

Após algum tempo eles chegam ao local desejado. Rodrigo desce de seu cavalo Hió e entrega as rédeas ao Índio.

– Vou até aquela pequena colina orar.

– Ficaremos aqui a lhe esperar.

– Não vou demorar, preciso de respostas.

– Estaremos aqui – diz o Índio.

Rodrigo pega uma pequena sacola que estava presa a seu animal e segue para o lugar desejado.

Após caminhar alguns minutos ele chega ao local, e de dentro da sacola tira uma toalha dourada bordada à mão que tem algumas pedras coloridas presas às pontas. De dentro da toalha ele tira um colar de contas brancas, azuis, amarelas e lilases. Tira ainda um pequeno cálice onde coloca um pouco de água de seu cantil e começa a orar.

Divina senhora Mentora, lhe solicito orientações para meus próximos passos. Preciso levar comigo oito crianças que se encontram aqui nesta região. Oriente meu coração, responda-me com sua infinita bondade. Permita-me ser o instrumento de luz para esses pobres espíritos sofredores. Vós, que é a senhora da bondade e da justiça, estenda sua misericórdia sobre essas almas sofredoras. Obrigado por permitir-me ser vosso instrumento de luz e paz.

A ti com amor.

Um facho de luz desce sobre a cabeça de Rodrigo. O Índio, o Negro e Lucas ficam impressionados com a cena e ajoelham-se em reverência.

Ajoelhado, Rodrigo ouve em seu íntimo a resposta desejada. Lentamente se levanta, junta suas coisas e volta aos amigos.

– Vamos, senhores, já tenho a resposta de nossa Mentora.

– O que ela disse, Rodrigo? – pergunta Lucas, curioso.

– Vamos *adelante*, quando chegarmos à casa de Yara eu conto a todos.

– Vamos – diz o Índio.

Velozmente eles chegam à casa de Yara. Todos estão sentados na sala esperando os amigos para o jantar. É noite no Umbral.

Rodrigo empurra a porta e entra na sala.

– Poxa, Rodrigo, estávamos ficando preocupados com você – diz Nina.

– Eu fui falar com Daniel.

– E você conseguiu? – pergunta Ernani.

– Sim, já tenho a resposta.

– Diga logo, Rodrigo, não nos mate de curiosidade – diz Nina, muito ansiosa.

– Vou responder sim, mas antes eu queria fazer uma pergunta a você, Yara.

– Pode perguntar, meu amigo.

– Vá, Rodrigo, pergunte logo, estou começando a ficar nervoso – diz Felipe.

– Yara, você iria conosco e deixaria essas crianças sozinhas aqui?

– Nunca! – diz Yara.

– Poxa, mamãe, nunca?

– Sim, Felipe, nunca que eu deixaria essas crianças aqui. São muito poucos os que fazem como eu. Elas não teriam ninguém para assisti-las.

– Como assim, mamãe?

– São poucos os que vivem aqui e recolhem essas crianças das ruas nojentas do Umbral e cuidam delas como eu cuido. Embora haja um lugar específico para isso que nós chamamos de educandário, muitas dessas crianças não querem ser ajudadas. As que nós conseguimos ajudar não são tão receptivas às mudanças. Mas o que mais tem aqui são crianças nas ruas, abandonadas entregues à própria sorte.

– Como assim, Yara? – pergunta Nina.

– Aqui, no final desta rua, existe uma grande vila que chamamos de Educandário. Na verdade é um grande internato onde crianças que querem ser ajudadas ficam internadas. E assim que conseguem melhorar são encaminhadas para a Colônia das Margaridas onde prosseguem estudando e evoluindo. Acontece que muitas crianças não querem viver neste lugar e vivem vagando pelas ruas. Eu e alguns outros espíritos somos voluntários nesta missão e recolhemos algumas que vivem sofrendo e as convencemos a evoluir.

– Meu Deus! – diz Nina.

– Sim, Nina, é assim, infelizmente é assim – diz Rodrigo.

– É como eu falei para você, Nina, o mundo daqui é muito parecido com o mundo de lá. Deus é justo, lembre-se.

– Então Yara, você escolheu ajudar essas crianças?

– Sim, Sheila, decidi ajudá-las.

– Parabéns! – diz Lucas.

– Obrigada, meu jovem – diz Yara.

– E então, Rodrigo, qual é a resposta de Daniel?

– Simplesmente ele não me respondeu.

– Como assim – diz Nina. – Nós não podemos mais esperar.

– Eu sei – diz Rodrigo.

– E agora? – diz Felipe.

– Não sei – diz Rodrigo.

– Olha, eu tenho uma proposta a fazer – diz Nina.

– Fale, Nina – diz Ernani.

– Vamos até lá fora, se os senhores não se incomodam – diz Nina.

– Por que você não fala aqui mesmo?

– Lucas, não quero que as crianças ouçam a nossa conversa. Podemos ir lá fora, por favor? Todos, por favor – insiste Nina.

– Sim.

Todos saem para a parte de fora da casa e formam um círculo.

– Prestem muita atenção – diz Nina.

– Sim – respondem todos.

– Quando estávamos vindo para cá, encontramos com aquelas ciganas que maltratavam aquele pobre homem na estrada, vocês se lembram?

– Sim – respondem todos.

– Naquele momento decidimos por ajudá-lo a se livrar daquela perturbação espiritual que muito o atormentava.

– Sim – diz Rodrigo.

– Pois bem, usamos ali o nosso livre-arbítrio e sem mesmo termos votado decidimos ajudar aquele homem.

– Sim – diz Lucas.

– Proponho que usemos nosso livre-arbítrio agora e coloquemos em votação o resgate dessas crianças, mesmo sem a autorização Superior. Proponho que nós nos utilizemos de nossa vontade e que ela seja superior às determinações de Daniel.

– Nosso livre-arbítrio é isso? – diz Felipe.

– Sim, nós temos nosso livre-arbítrio e podemos levar essas crianças – insiste Nina.

– Façamos uma votação – diz Rodrigo. – Eu também acho que Nina tem razão, nós não viemos aqui buscar essas crianças, mas deixá-las não é justo. Eu voto por levarmos as crianças.

– Nina?

– Eu voto sim.

– Lucas?

– Eu voto sim.

– Felipe?

– Eu voto sim.

– Sheila?

– Eu voto sim.

– Ernani?

– Eu voto sim.

– O Índio?

– Eu voto sim.

– O Negro?

– Eu voto sim.

– Todos votam sim?

– Sim, todos votam sim – diz Nina.

– Então estamos decididos. Vamos levar as crianças.

– Iupi, que felicidade! – diz Nina.

Rodrigo volta para o interior da humilde residência e comunica a decisão a Yara.

– Yara, vá e avise as crianças que elas irão embora conosco.

– Obrigada, Rodrigo, muitíssimo obrigada! – diz Yara com lágrimas nos olhos.

– Seja o que Deus quiser! – diz o cigano.

Yara entra no quarto onde as crianças se encontram e as avisa da decisão tomada por todos.

As crianças começam a comemorar, a alegria toma conta do ambiente, todas se abraçam muito felizes.

– Só tem um detalhe, gente – diz Rodrigo, em voz alta.

O silêncio toma conta do lugar.

– Fala logo, Rodrigo – diz Lucas.

– Que a nossa Mentora nos perdoe se nossa decisão estiver errada. Mas é a melhor decisão que eu já tomei em minha vida.

Todos comemoram. A alegria é interrompida pela pequena Isabelle.

– Agora podemos jantar – diz Isabelle, acariciando a barriga.

Todos se entreolham e começam a rir. A felicidade é plena.

Após muita comemoração todos descansam esperando pelo novo dia. O dia da partida.

"Tudo é amor.
Até o ódio, o qual julgas ser a antítese do amor,
nada mais é senão o próprio amor que adoeceu
gravemente."

Chico Xavier

Dia 4

Logo ao amanhecer...

– Bom-dia, Índio!

– Bom-dia, Rodrigo!

– Precisamos que você providencie outro transporte para levarmos as crianças e Yara.

– O transporte de Yara eu trouxe, só não contava com as crianças, embora soubesse da existência delas. Mas não que você teria permissão para levá-las.

– Como assim, você sabia e nada me falou?

– Antes mesmo de vir aqui com você, eu e o Negro já tínhamos vindo a este lugar para fazer as verificações e as negociações necessárias para este resgate.

– "Negociações", como assim? Não estou entendendo. Perdoe-me, amigo!

– Amigo cigano, as coisas aqui no Umbral não são simples como parecem. Tudo aqui tem que ser negociado com a direção deste lugar.

– Isso eu sempre soube, amigo Índio.

– Pois é, eu e o Negro estivemos aqui antes para negociar sua entrada e de todos e também a sua saída.

– Bom, mas e agora? Como sairemos com um grupo maior?

– Vai ser uma batalha, ainda mais por se tratar do Vale dos Suicidas.

~ 188 ~

OSMAR BARBOSA

– Por que, amigo?

– As coisas aqui são bem mais complicadas.

– Como assim? – pergunta Felipe, que se aproxima e ouve a conversa.

– Eu posso responder, Rodrigo?

– Sim, Índio, faça-nos o favor!

– Rapaz, este é o pior lugar para onde uma alma pode vir. Aqui não tem conversa não; aqui você sofre de verdade e sente no seu espírito o mal que praticou com o ato de suicidar-se. Tirar a vida é a pior opção que um espírito pode fazer.

– Mas até agora tudo o que vimos foi bem tranquilo – diz Felipe.

– Experimente tirar o colar que eu lhe dei e você vai enxergar verdadeiramente onde está.

– Como assim, Índio? – pergunta Felipe.

– Rapaz, esse colar, além de não permitir que os espíritos perdidos e atormentados lhe vejam, esconde de você a realidade desse lugar.

– Ah, entendi! Quer dizer que é como um véu?

– Sim, pode considerar assim.

– Nossa! Agora entendi o problema que tenho nas mãos – diz Rodrigo.

– Você percebeu agora o que teremos pela frente, Rodrigo?

– Sim, amigo Índio.

– O que está acontecendo? – pergunta Lucas aproximando-se.

– Lucas, você não percebeu que nós não temos colares suficientes para todos?

– Nossa, Rodrigo, eu não tinha pensado nisso.

– Pois é. E agora o que faremos?

– O que faremos, amigo Índio?

– Como vocês podem ver, eu e o Negro não usamos esses colares, pois estamos acostumados a ver e visitar este lugar. Agora vocês deverão entregar seus colares para as crianças. O problema é que temos só seis colares e temos oito crianças.

– Não tínhamos pensado nisso – diz Lucas.

– Não tem como você arrumar mais desses colares, amigo Índio?

– Não, Rodrigo, infelizmente eu não tenho como arrumar mais nenhum. Esses colares ficam na entrada do Umbral.

– Entendo. E o que faremos então?

– O que já lhe disse. Terá que dar os colares para as crianças e assim conseguiremos sair deste lugar.

– Mas e a Nina, a Sheila e os demais? Será que eles conseguirão suportar o que teremos pela frente?

– Quanto a eles eu não sei. Mas posso assegurar que fica mais fácil para nós, pois já somos adultos.

– É, eu sei, Índio, eu sei que com os adultos será mais fácil.

– Pois bem, vamos conversar com todos e tomar a decisão, afinal hoje é o quarto dia e temos que partir o quanto antes. Além do mais, fomos nós que decidimos levar as crianças.

– Sim – diz Rodrigo.

– Lucas, vá lá dentro e chame todos aqui para fora; vamos tirar os colares e ver a reação de um por um.

– Sim, Rodrigo.

– Só não chame as crianças, deixe-as fora disso.

– Sim, Rodrigo.

Lucas adentra a pequena casa e convida a todos a irem para fora. Nina e os demais se juntam ao grupo.

– O que houve, Rodrigo? – pergunta Nina.

– Nós precisamos tomar algumas decisões antes de seguirmos a viagem.

– Mas por que nos chamou aqui fora neste frio? – pergunta Ernani.

– O Índio vai explicar a vocês. Por favor, amigo, explique a todos o que você falou para mim.

– Sim, cigano. Meus amigos, quando viemos para cá, cada um de vocês recebeu esse colar que estão usando. Esse colar tem o poder de impedir que os espíritos perturbados, que são muitos por aqui, se aproximem de vocês. Agora temos que tomar uma decisão:

– Qual é a decisão? – diz Nina.

– Temos que levar oito crianças que estão nessa vila não por acaso, mas porque aqui nessa vila esses espíritos dilacerados e perturbados não conseguem chegar; acredito sinceramente que essas crianças nem fazem ideia de onde verdadeiramente estão.

– É isso mesmo – diz Yara, se aproximando.

– Olá, Yara, desculpe-me não ter lhe chamado para esta reunião.

– Sem problemas, Lucas, eu compreendo seus motivos. Como disse o nosso amigo Índio, as minhas crianças não têm realmente ideia de onde estão; elas acham que estão em algum subúrbio muito pobre e precisam estudar e se comportarem para sair daqui.

– Mas como assim, Yara? Como essas crianças vieram parar aqui?

– Nina, essas crianças são trazidas para esta vila por espíritos amigos que querem ajudá-las; dessa forma elas não passam pelo sofrimento inicial que a maioria dos espíritos que estão aqui.

– Quer dizer que elas são resgatadas na hora do desencarne e trazidas para serem cuidadas por vocês aqui nesta vila?

– Sim, é isso mesmo. E nós escolhemos cuidar delas, porque isso nos ajuda em nossos próprios resgates. Assim, é por meio da caridade praticada aqui que nós conseguimos o que conseguirão vocês.

– Quer dizer que outros espíritos de outras colônias vêm aqui regularmente para resgatar crianças como nós estamos fazendo?

– Sim, outros mentores de outras colônias vêm aqui de vez em quando para buscar crianças. Muitas vezes são as próprias vítimas delas que vêm aqui para buscá-las demonstrando o amor e ensinando-as a perdoar.

– Faz sentido, Nina, faz muito sentido essas crianças virem para cá para compreenderem que precisam se modificar e assim ascenderem aos planos superiores.

– Verdade, Rodrigo – diz Nina.

– É, Yara, agora nós temos um baita problema pela frente: como iremos passar com essas crianças pelas estradas, entupidas de espíritos errantes e maliciosos, que nem sabem direito onde estão para chegarmos ao nosso destino?

– Eu tenho uma ideia – diz Yara.

– Então diga – diz Nina.

– Temos quantos colares?

– Seis – diz Rodrigo.

– Certo. Temos oito crianças, das quais seis são menores, o Marcondes e o Júnior são maiorzinhos.

– Sim – diz Nina.

– O amigo Índio pode vir comigo até aqui – diz Yara, apontando para detrás da humilde casa da vila.

– O que é que você está aprontando, mamãe?

– Venha aqui, por favor, me ajudem com essa velha carroça.

Puxando uma velha lona que cobre cuidadosamente uma carroça, Yara surpreende a todos.

– Por que você não falou logo, mamãe, que tinha essa carroça escondida aqui?

– É uma carroça velha, talvez nem consiga ser útil para a viagem, por isso preciso que o Índio dê uma olhada cuidadosa nela.

– Vá, Índio, e olhe se a carroça nos serve! Por favor! – diz Rodrigo.

O amigo Índio se aproxima da velha carroça e passa a examiná-la.

– Não vai ser fácil, mas acho que serve – diz o Índio. – Vou adaptá-la à nossa e fazer uma carroça maior.

– Você precisa de quanto tempo para fazer isso?

– Isso é rápido, Rodrigo. Eu e o Negro preparamos isso em poucos minutos.

– Então vamos puxá-la para frente da casa e preparar os cavalos. Vamos, senhores, a hora urge – ordena o cigano.

– Mamãe, as crianças já estão prontas?

– Sim, Felipe.

– O que faremos, Rodrigo? – pergunta Nina.

– Tragam as crianças e coloque-as na carroça. Yara, arrume algumas cobertas, vamos cobrir as crianças e proibi--las de olhar em volta até chegarmos ao nosso destino.

– Vá, Felipe, junto com Yara e Nina, tragam as crianças e vamos partir.

– Sim, Rodrigo.

– Negro, traga os cavalos, vamos preparar tudo.

– Sim, cigano.

Assim tudo é arrumado. As crianças estão muito felizes, tudo corre bem.

O céu está nublado e sem chuvas, a estrada está extremamente molhada da chuva do dia anterior, o que dificulta a velha carroça a andar, mas Felipe e Ernani seguem andando ao lado da carroça auxiliando-a a passar nos trechos mais difíceis.

Nina está sentada como cocheira, e a seu lado está Yara, feliz e confiante de que tudo vai dar certo.

– Tia Nina, tia Nina.

– Xi, fique quieta, Emanuelle, esconda-se.

– Eu estou com fome.

– Fique quieta aí, menina, daqui a pouco nós vamos parar para comer alguma coisa; agora fique quieta e não saia de baixo da coberta.

Nina corre a ajeitar Emanuelle embaixo das cobertas.

– Estas crianças estão há quanto tempo com você, Yara?

– Há uns três anos mais ou menos.

– Você me disse que elas são trazidas por mentores para que vocês possam cuidar, mas eu não vi mais nenhuma outra criança naquela vila.

– Você não viu porque não tirou o colar.

– Como assim?

– Nina, eu só cuido das melhorzinhas. As mutiladas, enforcadas, assassinadas, estupradas etc. não estavam visíveis a seus olhos. Eu até evito chegar perto delas. O sofrimento é muito grande. Eu não suporto.

– Deus meu, por que isso?

– Isso o que?

– Por que eu não pude ver essas crianças?

– O que você faz lá na sua colônia? – pergunta Yara.

– Lá, cuidamos de crianças vítimas de câncer.

– Como elas chegam lá?

– Chegam debilitadas e muito feridas.

– Por que elas chegam assim?

– Devido às quimioterapias e às radioterapias que danificam seu perispírito.

– E então?

– E então nós cuidamos delas e as auxiliamos a readquirirem sua forma normal.

– E depois?

– Depois de recuperadas elas são enviadas para outras colônias.

– E o que elas fazem nessas outras colônias?

– Umas seguem para reencarnar, outras continuam com seus familiares. Mas a maioria readquire sua forma natural de adulto, pois já cumpriram seus objetivos.

– Aqui não é diferente.

– Como assim?

– Essas crianças que citei ainda há pouco chegam aqui em pedaços; muitas chegam mutiladas, e nós é que cuidamos delas até que consigam essa forma que você vê agora.

– Mas por que elas não foram para nossa colônia, por exemplo?

– Elas precisam passar por aqui para se depurarem e depois seguirem para frente.

– É, isso eu já entendi.

– A Emanuelle, por exemplo, chegou aqui vítima de estupro de seu próprio pai. Ela foi assassinada por ele.

– Sim, mas por que então ela veio para cá se ela é a vítima?

– Na última vida ela foi a vítima, mas o que você ainda não sabe e eu vou lhe contar, é que ela fez o seu pai a vítima por cinco vezes, em encarnações anteriores.

– Agora está entendido por que ela precisa passar por aqui – diz Nina.

– Você é uma menina muito inteligente, Nina, e pega as coisas rapidamente.

– Obrigada, Yara!

Felipe e Ernani se distanciam um pouco do grupo. Eles cavalgam atrás da carroça.

– Ernani!

– Sim, Felipe!

– Você não fica curioso com o que o Índio falou?

– Como assim?

– A história do colar.

– Que colar?

– Esse que você está usando.

– Ah sei, curioso com o que?

~ 198 ~

– Ele disse que esse colar nos impede de ver a real situação à nossa volta.

– Sim, e o que tem isso?

– Você não fica curioso?

– Curioso com o que, Felipe?

– Você não fica com vontade de tirar o colar e olhar à sua volta?

– Eu não. Você está maluco, Felipe?

– Eu acho que vou só levantar o meu para dar uma espiadinha.

– Rodrigo não vai gostar nada disso.

– Ele nem vai ver, olhe lá ele está bem à frente.

– Felipe – alerta Ernani.

Lentamente Felipe retira o colar e começa a olhar à sua volta.

Um grito se ouve e todos se voltam para trás.

Felipe é sugado para um buraco lamacento no meio da estrada. Todos correm para tentar socorrê-lo, mas é tarde. Nina fica desesperada.

– Índio! Índio! Salve o Felipe!

O Índio corre em sua direção, mas é tarde e ele nada pode fazer.

– Meu Deus, a estrada sugou o Felipe – diz Sheila.

~ 199 ~

– O que aconteceu, Ernani? – pergunta Rodrigo.

– Eu não sei, ele estava me falando sobre o colar e...

O Índio interrompe.

– Ele tirou o colar, cigano.

– Meu Deus! – diz Nina, desesperada e chorando.

– Calma, Nina, tenha calma! – diz Rodrigo.

– Meu filho! Meu Deus, cadê meu filho? – desesperada Yara corre até o local onde Felipe sumiu.

As crianças começam a gritar. O Negro abre outra lona sobre a lona existente na carroça e fecha toda a superfície impedindo que as crianças vejam o que está acontecendo.

– Por que você está fazendo isso com as crianças? – pergunta Nina.

– Deixe-o, Nina, ele sabe o que faz – diz Rodrigo.

– Isso é para protegê-las – diz o Índio.

O desespero toma conta do lugar. Todos estão muito nervosos. Nina chora compulsivamente, Yara está desesperada. Sheila não consegue acreditar no que está acontecendo. Ernani está parado como se não acreditasse.

– Índio, o que faremos? Onde está o Felipe?

– Espere, Rodrigo, mantenha todos unidos e tente acalmá-los, que eu já volto – diz o Índio se afastando do grupo.

Uma legião de espíritos obsessores se aproxima do grupo.

~ 200 ~

Todos ficam parados e são rodeados pelos inimigos. Embora todos estejam com seus respectivos colares, esses obsessores podem ser vistos pelo grupo.

O Índio está distante. Sem nenhuma palavra, os obsessores observam Rodrigo e se afastam. Nina se mantém calada. Algumas mulheres se aproximam dela e começam a cheirá-la. Sheila agarra-se a Ernani, que se aproxima ainda mais de Yara.

O grupo está muito assustado. O Índio reaparece com uma lança de aproximadamente três metros de comprimento, que tem na ponta uma luz muito forte, e ameaça os invasores.

– Afastem-se!

– Quem é você, o malvestido?

– Eu sou um enviado de luz. Ordeno que se afastem de nós.

– Ora, ora! O que vocês têm aí nessa carroça?

– Isso não lhes interessa, agora, por favor, afastem-se de nós.

– Olha se não é um cigano – diz uma das mulheres.

– Sim, e ele é lindo, olha como é bonito esse rapaz.

– Senhoras e senhores, eu ordeno em nome de Jesus que se afastem de nosso grupo – diz Rodrigo.

Uma luz intensa aparece no meio de todos os obsessores, que mal conseguem ficar de pé. Uns se escondem em suas roupas, outros encobrem os olhos com as mãos.

O desespero toma conta do lugar e todos os inimigos saem desesperadamente de perto do grupo de luz de Amor & Caridade.

Rodrigo fica sereno, todos ficam impressionados com tanta luz. De dentro dela aparece Gabriel.

– Gabriel, que bom vê-lo! – diz Rodrigo.

– Olá, Rodrigo! Olá, irmãos!

– Oh, Gabriel, que bom que você está aqui! – diz Nina. – O Felipe sumiu, estamos desesperados.

– Fiquem calmos! Yara, venha aqui, quero abraçá-la – diz Gabriel, sereno como é de costume.

– Venha, Yara – diz Ernani, aproximando-se de Gabriel.

Yara, com alguma dificuldade, consegue aproximar-se de Gabriel e abraçá-lo.

Todos ficam chocados com o encontro. Yara vai lentamente rejuvenescendo. A comoção é geral.

– Olhem – diz Ernani, assustado.

– Só você mesmo, Gabriel, para ajudar tanto assim a Yara.

– Isso é merecimento dela, e além do mais ela é um belo espírito e não merece mais viver numa carcaça envelhecida.

Todos esboçam um sorriso quando são interrompidos pelo Índio.

– Gabriel, precisamos buscar o Felipe.

– Sim, Índio, vamos descer para buscá-lo.

– Mas Gabriel, afinal onde foi parar o Felipe?

– Ele foi sugado pelas forças de seus pensamentos. E desceu ao mundo treval.

– Como assim? – pergunta Nina.

– O pensamento, Nina; o pensamento é tudo. A curiosidade o fez ser sugado para um plano mais abaixo deste aqui. Agora, Rodrigo, pegue a carruagem e vá com o Negro. Vocês já estão próximos ao portão. Saiam e nos esperem lá fora.

– Sim, Gabriel.

– Foi Daniel quem mandou você vir nos ajudar, Gabriel?

– Sim, eu acabei de chegar a Amor & Caridade. Eu e Soraya estivemos realizando um resgate. E assim que eu cheguei, ele me pediu que ficasse próximo a vocês, pois iriam precisar de mim.

– Esse Daniel, tudo sabe e nada fala – diz Rodrigo.

– É a sabedoria, Rodrigo – diz Nina.

– Você quer ajuda, Gabriel? – pergunta Ernani.

– Não, Ernani. Vá com o Rodrigo e cuide bem das crianças. Eu, o Índio e o Negro vamos buscar o Felipe.

– Sim, vamos, Rodrigo.

– Traga meu filho, por favor, Gabriel.

– Pode deixar, Yara, eu volto com ele.

– Obrigada, Gabriel – diz Nina.

– Vá, Nina, e cuide das crianças.

Rodrigo segue as orientações de Gabriel, e junto com Sheila, Nina e Ernani segue puxando os cavalos para fora do Vale dos Suicidas.

– Venha, Lucas, vamos descer.

– Tenho mesmo que ir, Gabriel?

– Sim. Nós vamos precisar de você por lá.

– Sim, senhor.

– Vamos, Negro; vamos, Índio.

– Sim, Gabriel.

– Senhores, deem as mãos, vamos formar um círculo.

Lucas, o Negro, o Índio e Gabriel dão as mãos, e uma luz muito forte se forma fazendo com que eles desapareçam do lugar.

"Através de mil formas, somos hoje, qual ontem, viajores do tempo em trânsito da sombra para a luz."

Chico Xavier

As Trevas

Gabriel, o Negro, Lucas e o Índio chegam à região das trevas, um lugar onde a escuridão é ainda maior. Tudo é pegajoso e de um odor insuportável. Não há árvores nem tampouco vegetação. Só existem cavernas molhadas e muita tristeza.

– Fiquem todos próximos a mim – diz Gabriel.

– Sim, Gabriel.

O grupo se aproxima de uma caverna que resplandece uma luz verde de seu interior.

– Lucas, vá pela direita com o Negro, eu e o Índio iremos pela esquerda.

– Pode deixar, Gabriel.

– Índio, você ainda tem aquele saco com as ervas que sempre carrega?

– Eu tenho muita erva guardada aqui comigo, Gabriel.

– Dê-me o saco, por favor.

O Índio tira da cintura um saco de pano onde ele carrega sempre algumas ervas separadas em sacos menores. São vários tipos de ervas. Na verdade, Gabriel conta um total de doze saquinhos menores contendo ervas medicinais e outras seis especialmente preparadas para fazer chá.

Gabriel separa dois saquinhos das ervas medicinais e mais dois da erva de chá e entrega o restante ao Índio.

– Esses que sobraram, por favor, esconda em sua cintura, não deixe que ninguém veja.

– Sim, Gabriel, pode deixar.

Gabriel e o Índio se aproximam da caverna pelo lado direito, enquanto Lucas e o Negro estão na parte esquerda da entrada esperando pelas ordens para poderem entrar.

Fazendo um sinal com as mãos, Gabriel orienta o Negro e Lucas a permanecerem na parte de fora do lugar. Afinal, é um lugar com muitas cavernas e de dentro delas saem luzes diferentes.

– Estranho esse lugar, não é, Negro?

– Sim, Lucas, esse é o pior lugar que existe aqui.

– O que são essas luzes?

– Na verdade, esse é um lugar de bruxarias e coisas que só os que vivem aqui conseguem suportar.

– Como assim?

– Você não está sentindo cheiro de enxofre?

– Sim.

– Aqui é onde se queimam perispíritos. Todos os que vêm para cá sofrem muito.

– Meu Deus! E é aqui que o Felipe está?

– Sim.

– Mas como Gabriel descobriu que ele está aqui?

– Ele, assim como nós, está habituado a este lugar e além do mais, Gabriel é um espírito de muita luz. E isso é fácil para ele.

– Um dia nós chegaremos lá.

– Com certeza, meu amigo.

– Veja, ele está entrando – diz Lucas.

– Vamos ficar atentos. Se acontecer alguma coisa, invadiremos a caverna.

– Sim, vamos fazer assim.

Lucas e o Negro se mantêm agachados observando atentamente a entrada de Gabriel e do Índio no lugar.

– Venha, Índio – diz Gabriel.

– Alto lá! – brada um espírito que vigia a entrada. – Quem são vocês?

– Somos da Colônia Amor & Caridade – diz Gabriel.

– O que vocês querem aqui?

– Viemos buscar um dos nossos que foi trazido para cá.

– Como ousa entrar em nossa casa?

– Não viemos para disputar nada, só estamos aqui pelo nosso amigo que vocês trouxeram para cá – diz Gabriel, serenamente.

– Aguardem aí, vou anunciar a entrada de vocês.

– Obrigado – diz Gabriel.

A luz verde diminui. Uma luz amarela ilumina todo o lugar e um homem de uns sessenta anos vestindo uma bata preta, descalço e trazendo no peito diversos colares, se aproxima de Gabriel e do Índio.

– O que você quer aqui, Gabriel?

– Como você está, Bernardo?

– Estou levando do mesmo jeito. E você continua naquela Colônia? A tal de Amor & Caridade?

– Sim, continuamos trabalhando para o progresso da humanidade.

– Perda de tempo, Gabriel. Perda de tempo.

– Se é assim que você pensa, eu nada posso fazer.

– Já estou aqui há bastante tempo, Gabriel. Eu não desejo mudar nada. Eu sou feliz deste jeito.

– Desde os tempos da Inquisição que você vive assim, Bernardo; já deveria estar entre nós se não fosse tão teimoso.

– Essa conversa não me interessa. Vamos lá, me diga o que você veio fazer aqui.

– Vim buscar o Felipe, que caiu em seu vale.

– O rapaz branquinho?

– Sim, ele mesmo.

– Ele veio para cá por causa de sua curiosidade.

– Eu sei.

– Pois bem, curiosidade aqui custa caro, meu amigo.

– Eu trouxe uma coisa que lhe agrada muito.

– O que você tem aí para trocar pelo menino?

– Trouxe-lhe as melhores ervas.

– Ervas?

– Sim, eu lhe trouxe ervas para você fazer um chá e outras verdinhas que são medicinais.

– Deixe-me ver.

– Deixo sim, assim que você me trouxer o Felipe.

– Esperto você, Gabriel – diz Bernardo.

– Não se trata de esperteza e sim de saber como ele está.

– Ele está dormindo.

– Pois bem, então nós vamos esperá-lo acordar.

– Não precisa. Eu mando o meu pessoal acordá-lo.

– Por favor, faça isso – diz Gabriel, atento.

Ansioso para ter as ervas em suas mãos, Bernardo ordena a dois comandados seus que tragam Felipe.

– Sente-se, Gabriel.

– Obrigado. Estou bem assim de pé.

– O senhor não quer sentar-se? – diz Bernardo, apontando uma cadeira para o Índio.

– Não, obrigado.

– Vejo que os amigos estão ansiosos.

– Não é isso, Bernardo, só estamos com pressa.

– É neste saco que estão as ervas? – pergunta o velho feiticeiro.

– Sim, é aqui que estão as ervas.

– Deixe-me vê-las.

– Vamos esperar pelo Felipe.

– Não confia em mim, não é mesmo, Gabriel?

– Não é isso. Como já disse, só estamos cuidando de nossa segurança.

Bernardo dá uma gargalhada forte e alta.

– Você não mudou nada né, Gabriel? Sempre preocupado com o bem-estar dos seus.

– É isso que você deveria fazer, Bernardo.

– Pare com esses conselhos idiotas.

Dois homens altos trazem Felipe, que é carregado pelos braços.

– Coloquem-no aqui – aponta Bernardo para um local próximo a ele.

– Agora que o seu rapaz está aqui, me dê as ervas, Gabriel.

– Índio, aproxime-se de Felipe e traga-o para cá assim que eu entregar as ervas a Bernardo – ordena Gabriel.

– Sim, Gabriel.

Felipe está desacordado. Os homens que o trouxeram se afastam enquanto o Índio põe seus braços por detrás do corpo de Felipe e começa a puxá-lo para fora.

Gabriel entrega a Bernardo o saco contendo as ervas.

Rapidamente Bernardo senta-se e começa a abrir os saquinhos que contêm ervas aromatizadas e ervas frescas.

– Bernardo, estamos indo – diz Gabriel, auxiliando o Índio a puxar Felipe.

– Podem levar esse inútil.

– Pense em mudar seus pensamentos, Bernardo.

– Gabriel, vá embora daqui antes que eu me arrependa dessa troca – diz Bernardo, cheirando as ervas.

– Vamos, Índio, vamos.

Auxiliado pelo Índio, Gabriel consegue arrastar Felipe para fora da caverna.

– Olhe, Negro, é o Gabriel e o Índio.

– Sim, eles estão trazendo o Felipe.

– Vamos ajudá-los – diz Lucas.

– Sim, vamos.

– Obrigado, Negro, por me ajudar – diz Gabriel.

– Senhores, vamos sair daqui o quanto antes – diz o Índio.

– Sim, amigos, vamos – diz Lucas.

Gabriel convida todos a se aproximarem dele, e envoltos em uma forte luz prateada, eles são retirados do lugar treval.

"Solidários, seremos união. Separados uns dos outros seremos pontos de vista. Juntos alcançaremos a realização de nossos propósitos."

Bezerra de Menezes

Noite de Tormentos

Nina percebe uma forte luz que se acende próximo ao acampamento improvisado.

– Olhem, eles estão chegando – diz Nina, emocionada.

– Olhe, Rodrigo – diz Ernani.

– Estou vendo, ainda bem que eles voltaram.

– É mesmo – diz Sheila.

Nina e Yara correm para disputar o abraço de Felipe que já está acordado e refeito.

– Você não deveria ter tirado o colar – diz Lucas.

– Perdoe-me, gente, mil perdões!

– O que aconteceu com ele, Gabriel? – pergunta Yara.

– Quando ele tirou o colar, foi imediatamente sugado para as regiões mais profundas do Umbral.

– Mas por que isso aconteceu com ele? – pergunta Ernani.

– Prestem muita atenção: assim como nossa colônia é regimentada e segue uma orientação espiritual superior, essa região aqui também tem suas determinações e diretrizes. Tudo, lá e aqui, segue uma ordem superior, ou vocês acham que o Umbral não tem uma direção? Todas as coisas de Deus seguem uma diretriz evolutiva.

– Quer dizer que todos os que estão aqui irão evoluir?

– Sim, Nina, o processo evolutivo é compulsório, como todos vocês já sabem.

– Sim, Gabriel, disso sabemos. Mas sei lá, de repente, esses que estão aqui e que não querem seguir em frente poderiam ficar pela eternidade nessa condição – diz Nina.

– Nada é estacionário, tudo segue transcendendo todos os caminhos sejam eles de baixa evolução ou nas esferas da evolução superior.

– Entendi, Gabriel. E obrigado por seus ensinamentos e sua ajuda.

– Quer dizer que não importa onde você esteja, você será compulsoriamente atraído para a evolução.

– Isso mesmo, Felipe! Muito bom, parabéns!

– Bom, então tudo é questão de tempo né, Gabriel? – pergunta Ernani.

– Sim, Ernani, tudo é questão de tempo. Veja Yara, agora chegou seu tempo.

– E essas crianças, também chegou o tempo delas? – pergunta Nina.

– Sim, querida Nina, não há acasos na Lei de Deus – lembre-se.

– Nunca me esqueço disso – diz Nina, radiante.

– Desculpe, Gabriel, mas por que você veio ao nosso socorro? – pergunta Sheila. – Foi só uma ordem de Daniel ou havia alguma outra coisa acontecendo?

– Não é que vocês não seriam capazes de resolver, o problema é o Bernardo.

– Quem é Bernardo? – pergunta Nina, curiosa.

– Foi o espírito que me prendeu lá embaixo, Nina – diz Felipe.

– Mas qual é o problema dele, Gabriel?

– Ele é um espírito conhecido meu há muito tempo. Por isso vim pessoalmente negociar com ele a entrega do Felipe.

– Você estava preso lá, meu filho?

– Eu não me recordo, mamãe; eu só me lembro de estar chegando aqui com Gabriel e Lucas. E meu amigo, o Índio.

– Você pode explicar isso, Daniel? – pergunta Nina.

– Nina, o Bernardo gosta de aprisionar almas. Há muito tempo ele foi um carrasco, mais precisamente no período da Inquisição da Igreja, um homem muito mau, isso tem pesado sobre seu espírito por muitos anos. Ele não iria respeitar a nenhum de vocês. Para lidar com ele são necessárias, no mínimo, forças iguais às dele. Por isso vim. Agora sugiro a todos que descansem, pois a noite vai ser longa.

– Como assim, Gabriel?

– Eles virão atrás das crianças – diz Gabriel.

– Quem?

– Eles, olhem – aponta Gabriel com o indicador direito para abutres que estão sobrevoando o local escolhido para o descanso.

– Nossa, o que é isso?

– São espíritos malignos – diz Gabriel.

– Onde estão as crianças? – pergunta Felipe.

– Elas, estranhamente, estão dormindo desde a hora em que você sumiu, Felipe.

– Fui eu que as coloquei em sono – diz Gabriel. – Elas não precisam ver isso.

– Como é que vamos nos livrar desses espíritos malignos?

– Nós temos o remédio – diz Gabriel.

– Venham, vamos nos abrigar embaixo daquelas árvores lá – diz o Negro.

OSMAR BARBOSA

– Vamos, tragam a carroça, vamos rápido – diz Rodrigo.

– Cuidado com as crianças – diz Nina.

As aves ficam alvoroçadas. Algumas começam a dar rasantes sobre o grupo. É noite no Umbral.

– Venha, Negro, não adianta tentar espantá-las – diz o Índio.

Felipe corre, puxando os cavalos da carroça pelas rédeas que estão em suas mãos.

Nina, Sheila, Lucas e Yara conseguem abrigar-se embaixo de uma árvore de galhos retorcidos e de folhas negras. Isso é o suficiente para protegê-los em meio ao caos.

Há lama para todo lado. Não chove, mas o ambiente é escuro e de um cheiro insuportável.

Gabriel ordena ao Índio que junte alguns gravetos e acenda uma fogueira rapidamente. Assim, obedecendo às ordens de Gabriel, o Índio consegue acender a fogueira com auxílio do Negro.

– Pronto, Gabriel, a fogueira já está acesa.

– Onde estão aquelas ervas que lhe pedi para guardar secretamente?

– Estão aqui – diz o Índio, retirando um embrulho de pano de dentro de um bolso falso.

– Olhe, Gabriel, eles estão se organizando para nos atacar – diz Lucas.

~ 221 ~

– Dê-me as ervas, amigo Índio.

– Sim, Gabriel – obedece o Índio, entregando-lhe o embrulho.

Rapidamente as chamas da fogueira começam a alastrar-se para os lados, parecia que uma espécie de energia desconhecida de todos estava soprando o fogo. Labaredas de até meio metro começam a surgir da pequena fogueira que o Índio e o Negro acenderam.

– Olhem o que está acontecendo com o fogo – grita Yara, assustada.

– Isso é coisa de Gabriel, mamãe, fique calma!

– É você quem está fazendo isso, Gabriel?

– Sim, Nina, fiquem calmos!

Gabriel então coloca um punhado de ervas em sua mão e prepara-se para atirar nas chamas.

– Fiquem todos na parte de trás da carroça – ordena Gabriel.

– Rodrigo, fique aqui ao meu lado.

– Sim, Gabriel.

– Fechem os olhos e protejam as crianças – diz Gabriel.

Nina sobe na carroça e entra embaixo da lona onde estão todas as crianças dormindo e junta-se a elas.

– Nina, não faça isso! – diz Felipe.

– Deixe-a em paz, Felipe, deixe-a – diz Yara, colocando as mãos e impedindo Felipe de se aproximar de Nina.

– Deixe-a lá, Felipe – diz Ernani.

– Fechem os olhos, senhores, e abaixem-se – ordena Gabriel.

Gabriel atira sobre o fogo as ervas que estavam em suas mãos. Um enorme clarão se faz naquela região do Umbral, mais forte que um raio espantando todos os espíritos que estavam no local e as aves. Densa névoa se faz no lugar, uma espécie de névoa clara onde os iluminados podem andar.

Assim, Gabriel consegue tirar todos daquela situação tão terrível.

– Agora vamos procurar um local seguro para descansar – ordena Gabriel.

– Sim – diz Rodrigo.

– Venham todos, vamos seguir adiante e procurar um lugar para passarmos a noite.

O Índio interrompe:

– Conheço um lugar satisfatório para passarmos esta noite. Lá há água limpa e é um lugar de difícil acesso para esses que estão aqui perdidos sem luz.

– E onde fica? – pergunta Lucas.

– É perto daqui.

– Podemos ir, Gabriel?

– Sim, Rodrigo, siga as orientações do Índio.

– Sim – diz o cigano.

– Vamos, senhores. Vamos seguir as orientações do nosso amigo Índio, que diz ter um lugar confortável para nosso descanso.

Todos seguem por duas horas cavalgando até chegarem ao local onde o Índio é recebido por outros índios, todos de pele bem escura, como a pele do Negro.

– Sejam bem-vindos, amigos! – diz o chefe do lugar.

– Obrigado, amigo! – diz Rodrigo.

– Venham todos, há cabanas montadas lhes esperando e água em abundância. Se preferirem, podem até tomar banho e descansar. Temos ainda comida e cobertas limpas para seu descanso.

– Obrigado, amigos! – diz o Índio.

Curioso ao ver o lugar e sentindo uma vibração positiva, Rodrigo aproxima-se de Gabriel.

– Gabriel, perdoe-me, mas quem são esses índios e o que fazem aqui neste lugar?

– São espíritos guardiões.

~ 224 ~

– Sim, sei... Mas qual a função deles aqui no Umbral?

– Venha aqui, que quero lhe mostrar uma coisa.

Gabriel e Rodrigo começam a se afastar, quando são interrompidos por Nina e Felipe.

– Perdoem-me, Gabriel e Rodrigo, mas aonde vocês estão indo? – pergunta Nina.

– Gabriel está me levando para ver uma coisa que ainda não sei.

– Podemos ir com vocês, Gabriel? – pergunta Felipe.

– Faça o seguinte: volte lá e chame Ernani, Lucas, Sheila e Yara. Chame-os para virem conosco.

– Vá, estaremos esperando você aqui, Felipe – diz Gabriel.

– Já volto, sim, esperem-me.

Felipe sai correndo ao encontro de Ernani, Lucas, Sheila e Yara e todos voltam a passos rápidos.

– Pronto, Gabriel, já estamos todos aqui.

– Venham comigo, senhores.

– Sim, Gabriel – dizem todos.

Gabriel sobe um pequeno monte e de lá ele mostra a todos uma linda estrada que começa na escuridão e vai ficando clara conforme se distancia do Umbral. Todos ficam impressionados como a vegetação vai se transformando à medida que se afastam do Umbral. De escura e sóbria, a estrada se torna clara e florida. Todos ficam impressionados com a beleza.

– Que estrada é essa, Gabriel? – pergunta Nina.

– Essa é a estrada que leva todos os espíritos que são resgatados aqui para as colônias espirituais.

– Nossa, que lindo! Não tinha reparado nela quando viemos – diz Lucas.

– Vocês não vieram por essa estrada – diz Gabriel.

– É verdade, nós viemos no transporte – afirma Rodrigo.

– Sim, e essa estrada só é visível para nós, que estamos um pouco mais evoluídos. Os guardiões são os encarregados de guardarem a entrada e a saída de espíritos que passam por aqui.

– É, Gabriel, como você nos disse: tudo é controlado e organizado por Ele.

– Isso mesmo, Ernani, nada está ao acaso. Tudo tem um porquê, um para que, um porquanto e um para quando.

– Nossa, Gabriel, que lindo! – diz Nina.

– Não existem acasos, Nina, é só isso. Bom, agora que vocês se deslumbraram com essa parte da viagem, vamos compartilhar da noite com esses amigos maravilhosos e descansar para amanhã seguirmos até nosso destino.

– Sim, Gabriel, vamos – diz Nina.

– Gabriel, eu posso lhe perguntar uma coisa?

– Sim, Nina.

– Não convém acordarmos as crianças para elas comerem alguma coisa?

– Não, Nina, elas já estão no sono da recuperação.

– Nossa, você não perde tempo, hein, Gabriel! – diz Lucas.

– Tempo aqui é uma coisa relativa, mas dentro de sua relatividade ele é muito importante para todos nós. Quem sabe usar o tempo a seu favor, torna-se um predestinado do bem.

– Obrigado por seus ensinamentos, Gabriel – diz Ernani.

– De nada, menino, o importante agora é não perdermos tempo com coisas inúteis.

– Sim, isso é verdade – diz Rodrigo.

– Então, vamos descansar e seguir nosso destino.

– Vamos.

Todos voltam para o acampamento muito bem organizado pelos guardiões que residem naquele local, que mais parece uma aldeia de índios. Tudo é limpo e organizado. Rodrigo fica saudoso de sua tribo de ciganos e convida todos a sentarem-se em volta da fogueira para conversarem sobre as coisas de Deus.

– Vamos? – pergunta Felipe à sua mãe.

– Vou sim, filho, deixe-me só trocar essa bota que está muito suja.

– Vou indo sentar-me com eles; espero você lá, mamãe.

– Sim, meu filho, eu já vou.

Yara espera Felipe afastar-se e sobe na carroça para olhar as crianças. Acaricia cada rostinho beijando-lhe a face e desejando-lhe um sono profundo e feliz.

Nina observa tudo de longe e se emociona ao ver o amor de Yara pelas crianças.

– Venha, Yara, estamos lhe esperando para o encontro com Rodrigo.

– Eu já estou indo. Gabriel está lá?

– Sim, eles estão nos esperando – afirma Nina.

Assim as duas chegam perto da fogueira e se assentam junto aos índios e aos demais companheiros de jornada.

– Gabriel, você poderia nos falar mais um pouco sobre esses amigos que vivem aqui às margens do Umbral resguardando essa estrada que dá acesso às colônias espirituais?

– Sim, Lucas, com prazer – diz Gabriel.

– Mas antes eu gostaria de agradecer a esses amigos de coração – diz Rodrigo, emocionado. – Eu quero dizer aqui que esta não é a primeira vez que venho a esta região. E que sempre que venho para cá, esses amigos infalíveis estão a meu lado me auxiliando nos resgates que faço.

O índio que preside o lugar se levanta, e colocando uma machadinha sobre seu peito, diz:

– Amigos da Colônia Espiritual Amor & Caridade. Nós somos os Guardiões da Luz. Nossa função, na realidade nossa escolha, foi servir ao Criador como espíritos que trabalham na organização dos mundos espirituais. E, além disso, somos os representantes da natureza viva ou morta, onde tudo se transforma e tudo se faz. Nossa causa é o amor maior, sabemos que o que nos eleva aos olhos "dEle" é o amor que praticamos aqui ou em qualquer lugar onde Ele é o Pai.

Durante séculos e séculos fomos expulsos de nossas origens, mas mesmo assim lutamos por nossos direitos e Ele nos mostrou nossos deveres. Todos sabem que para entrar em qualquer lugar perigoso, seja aqui na vida espiritual seja lá na vida material, é necessário que lhes seja resguardada a segurança pessoal e espiritual. Assim nós, os guardiões, nada somos e tudo somos; você pode ir a qualquer lugar onde sua vibração seja condizente com aquele lugar, mas para que você possa acessar as traves é necessário que nós estejamos ao seu lado. Para que vocês possam acessar as regiões umbralinas, é necessário que nós estejamos ao seu lado. E por fim, para que nós possamos acessar suas colônias, que são os mundos evoluídos, é necessário que um de vocês esteja ao nosso lado, não é isso?

– Perfeito, índio, perfeito! – diz Gabriel que completa: a cada um segundo suas obras, essa é a lei.

– Verdade – diz Rodrigo.

– Se considerarmos que o Criador é justo, veremos que você, índio, tem razão. Não pode um lobo repousar sobre ovelhas – diz Gabriel. – Assim como não pode o justo viver ao lado do pecador. Tudo se ajusta conforme a vontade da Criação que diz: tudo que é meu convergirá para a excelsa vida plena.

– Lindo, Gabriel! – diz Nina.

– Lindo mesmo! – diz Yara.

– A cada dia que passa, mais eu aprendo com vocês – diz Lucas.

– Você é um bom aprendiz, Lucas, mas observe que os encarnados acham que uma encarnação é suficiente para que cheguem aqui e que tudo esteja a seu dispor. Qual seria a justiça divina se isso fosse possível? Como viveria o assassino e sua vítima? O estuprado e o estuprador? O justo e o pecador? Qual a razão de acharem que isso é possível?

– Eles acham isso porque são egoístas.

– Boa, Ernani! É isso mesmo, o egoísmo de acharem que quem os criou está à sua disposição e mais... que está disposto a perdoar todas as suas falhas.

– Verdade, Gabriel, como pode ainda a humanidade achar que isso é possível?

– Pois é, Nina. Como podem achar que é possível exercer sobre a Criação suas vontades? Na verdade o que falta é vontade de agir e pensar.

– É isso mesmo, Gabriel, preguiça.

– Verdade – diz Yara. – Sabe, eu não sei quanto tempo ainda fiquei no Umbral esperando por vocês, mas eu também não perdi meu tempo achando que bastava orar para que vocês viessem me buscar; percebi que poderia ser muito mais útil se servisse ao meu semelhante que tanto sofre. Depois que me dediquei a ajudar as crianças, confesso a vocês que até consegui ser feliz aqui.

– A felicidade não está naquilo que pregamos, mas sim naquilo que realizamos – diz Rodrigo.

– É verdade, Rodrigo, quando você esteve comigo na última vez e levou consigo o Felipe, eu fiquei pelos cantos achando que nunca conseguiria sair daqui. As drogas me aterrorizavam os pensamentos, o vício é uma coisa maldita que todos devem banir de suas vidas. Sofri horrores. Até que um dia uma daquelas sementes que o Índio deu para Felipe plantar brotou, e uma pequena flor amarela apareceu. E ela durou uns dois anos. Um dia eu resolvi arrancá-la. E quando eu a arranquei, ouvi uma criança chorando. Aí eu saí procurando por ela, até que encontrei a Emanuelle, ela estava muito assustada e chorando compulsivamente. Então eu lhe dei a rosa amarela, e ela se acalmou. Perguntou-me quem eu era. E eu lhe disse que era uma moça boa. E que ela não deveria ter medo. E ainda que eu iria ajudá-la. Ela então olhou para mim e disse: "você é o meu anjo que tanto pedi a papai do céu para me ajudar". Aquelas palavras me deram uma força inexplicável para reagir. Levantei-me imediatamente e passei a cuidar dela com todo o amor. O amor que eu nunca tinha dado a você, Felipe.

Olhando fixamente para o filho, Yara prossegue:

– O começo não foi fácil, eu precisava achar um lugar para morar com dignidade com aquela frágil menina.

– E como você foi parar no Vale dos Suicidas? – perguntou Lucas.

– Ela me levou para lá.

– Como assim?

– Ela falou que sabia de um lugar onde havia uma casa vazia e que nós poderíamos morar lá. Eu aceitei e fui para onde vocês nos encontraram.

– E as outras crianças, como elas apareceram? – perguntou Felipe.

– A única criança que chegou até mim sozinha foi Emanuelle, todas as outras foram trazidas por espíritos de resgate.

– Como assim? – pergunta Ernani.

– Todas as outras crianças foram resgatadas e trazidas para que eu cuidasse delas. Foram trazidas por mentores. Outras por espíritos que trabalham no resgate.

– Tiveram outras? – perguntou Felipe.

– Só uma, a Luíza.

– E onde ela está?

– Ela foi resgatada para a Colônia da Redenção, foi a cena mais linda que já presenciei neste lugar.

– Conte-nos, Yara – diz Nina, curiosa.

– Posso lhes contar, Gabriel?

– Sim, Yara, claro que sim, prossiga.

– Luíza foi resgatada pelos próprios pais.

– Mas o que tem isso de lindo, mamãe? – pergunta Felipe. – Desculpe-me – diz ele –, mas isso é normal aqui na vida espiritual.

– Normal seria se ela não tivesse assassinado seu pai e sua mãe.

– Nossa! – diz Sheila.

– Sim, ela os assassinou de forma cruel. Juntou-se ao namorado que não veio para cá e, juntos, eles assassinaram os dois. O que me deixou muito feliz nesse dia foi ver que o amor de um pai e de uma mãe transcende aos mundos e eles vieram buscar a amada filha.

– Deve ter sido lindo mesmo – diz Nina.

– Sim, Nina, a cena foi de impressionar. Eles chegaram lá em casa com um presente nas mãos procurando pela filha, e quando eles a viram, saltaram sobre ela cobrindo-a de beijos e abraços. Ela, a princípio, ficou assustada e chorando muito, pedia perdão pelo que fez. A mãe abraçava e chorava dizendo que ela era o maior amor de sua vida. O pai fazia o mesmo. E assim, após dois dias de convívio comigo, eles foram embora resgatados pelos amigos de Redenção.

– Nossa, Yara, que experiência linda né, Felipe? – diz Nina.

– Sim, deve ter sido lindo mesmo; desculpe-me, mãe.

– De nada, meu amor, de nada – diz Yara, com os olhos marejados.

– Bom, gente, a conversa está boa, mas precisamos descansar – diz Nina.

– Concordo plenamente com você, Nina – diz Felipe.

– Vamos, Lucas; vamos, Sheila; vamos, Ernani? – pergunta Yara.

– Vamos sim, vamos todos descansar – diz Rodrigo.

Todos se levantam e despedem-se de Gabriel que diz querer ficar mais um pouco com os índios.

– Rodrigo, você se importa de ficar aqui comigo mais um pouco? – pergunta Gabriel. – É que eu tenho um assunto para tratar com você antes de dormir.

– Claro que não, Gabriel. Boa-noite, gente, eu vou fazer companhia ao Gabriel – diz Rodrigo.

Todos se recolhem. Gabriel e Rodrigo ficam sentados admirando a luminosidade do fogo à sua frente.

– Diga, Gabriel, o que quer falar comigo?

– Rodrigo, nós temos um pequeno grande problema pela frente.

– Diga, Gabriel, diga!

– Soraya esteve comigo em missão de resgate nos Estados Unidos da América. Nós fomos resgatar um menino que foi assassinado.

– O que ela foi fazer tão longe?

– Lá, na enfermaria de nossa colônia, há uma menina de nome Mariah, muito ligada a Nina e a Felipe. Ela é gêmea de Nicolas, que é o espírito desencarnante que eu e Soraya fomos buscar. Ele estava envolvido com drogas e pequenos furtos. Juntos, ele e outro amigo roubaram uma casa, e nesse assalto que ambos cometeram, eles levaram um remédio que era o que mantinha uma jovem menina viva. Eles não fizeram isso por querer.

– A menina morreu?

– Sim, eles foram os culpados da morte da menina.

– E agora?

– Agora ele precisa ajustar esse débito.

– Sim, e daí?

– Daí que esse menino, o Nicolas, por determinação de Daniel, está vindo para o educandário que, como vocês mesmos puderam ver, fica no Vale dos Suicidas. A recomendação que Daniel deu para a Soraya é para que ela deixe o menino aos cuidados de Yara. Que após receber Nicolas, se encontraria com vocês e assim todos poderiam voltar para Amor & Caridade. Exceto ele, é claro, que ficaria aos cuidados de outro cuidador.

– Então você sabia que Yara estava cuidando de crianças?

– Sim, eu sabia, só não sabia que nossa Mentora iria autorizar vocês a trazerem as crianças. O combinado era que as crianças iriam ficar com Irina, que é outra cuidadora que trabalha no educandário. Inclusive ela é muito amiga de Yara.

– Meu Deus, o que foi que eu fiz? – diz Rodrigo.

– O que houve?

– Nossa Mentora não me autorizou trazer as crianças.

– E quem foi que autorizou?

– Nós fizemos uma reunião e resolvemos trazê-las por nossa livre vontade. Eu pensei que não haveria problema – diz Rodrigo, assustado.

– Mas qual é o problema, então?

– O problema é que Soraya vai chegar à casa de Yara e não vai encontrar ninguém. E ela não tem conhecimento sobre Irina, ou tem?

– Vamos pedir ao Daniel para chamá-la de volta! Ou pediremos a ele para orientá-la a deixar o menino com essa outra cuidadora – diz Gabriel.

– E agora?

– Confesso que não sei se isso vai funcionar. Afinal, tudo já está determinado por Daniel. Espero que Porfírio se lembre de Irina e tenha a ideia de deixar o menino com ela.

– Porfírio está com Soraya?

– Sim. Ele é o companheiro dela nessa viagem.

– Você quer que eu volte lá e fique esperando por ela? – sugere Rodrigo.

– Você só tem cinco dias no Umbral, Rodrigo. Esqueceu?

– Caramba, e agora?

– Agora vamos descansar. Amanhã chegaremos à colônia. Chegando lá eu vou pessoalmente procurar Daniel para conversar com ele e saber quais são as orientações que deveremos seguir. Ele certamente saberá resolver essa situação com sabedoria.

– Enquanto isso Soraya vai ficar no Umbral?

– Acho que sim, mas não se preocupe, afinal ela está bem acompanhada. Espero sinceramente que eles resolvam isso sem precisar que voltemos aqui.

– Meu Deus...

– E se ela não voltar?

– Daí teremos que solicitar um novo resgate, desta vez para Nicolas e Soraya.

– Meu Deus! – diz Rodrigo, preocupado.

– Mas por que o Nicolas não pode ser trazido diretamente para nossa colônia?

– Ele foi levado para a colônia, mas ordens superiores determinaram que ele fosse levado para o educandário, afinal ele precisa depurar-se – diz Gabriel.

– E Mariah, como vai encarar isso? – pergunta Rodrigo.

OSMAR BARBOSA

– Não vai ser nada fácil para Nina. Mas que se cumpra o que está determinado.

– Que assim seja! – diz Rodrigo. – Pode contar comigo se precisar, Gabriel. Afinal, tenho parcela de culpa nessa confusão.

– Obrigado, Rodrigo, mas lembremos de que não há acasos. Se as coisas assim aconteceram era porque é assim que teria que ser.

– É verdade, meu amigo.

– Vamos descansar?

– Sim, vamos. Só não comente nada com o resto do grupo. Vamos esperar pela decisão de Daniel.

– Sim, claro – diz Gabriel.

– Boa-noite, meu amigo.

– Boa-noite.

"Os limites são só o início do desafio."

Osmar Barbosa

Dia 5

Logo cedo o Índio acorda a todos e os convida a seguirem viagem.

– Venha, Nina, já estamos perto da estrada, acelere o passo.

– Estou indo, Felipe.

– Mamãe, olhe como é linda a estrada que nos levará à Amor & Caridade!

– Nunca imaginei que fosse assim, Felipe.

– Pois é, Yara, as coisas aqui são inimagináveis mesmo – diz Lucas.

– Gabriel, todos estão felizes por chegarem; e você, como se sente? – pergunta Rodrigo.

– Sinto-me com o dever cumprido.

– Nina, as crianças estão acordando – diz Yara.

– Tirem a coberta de cima delas, deixem que vejam a beleza deste lugar – ordena o Índio.

– Façam isso que o Índio pede – diz Gabriel.

Ernani acelera o galope de seu cavalo e puxa com a mão direita a lona que cobre a carroça, deixando as crianças extasiadas com a beleza da estrada que leva à colônia. Pássaros cantam em árvores floridas. Tudo está verde, os gramados são extensos. Um lindo rio margeia a estrada. Suas águas são tão cristalinas, que do alto da estrada podem ser vistos peixes nadando nele.

Todos ficam encantados com a beleza do lugar.

– Onde está o Negro? – pergunta Lucas ao Índio.

– Ele ficou para trás para arrumar umas coisas. Daqui para frente não precisamos mais de sua companhia.

– Temos muito que agradecer ao Negro, não é mesmo, Gabriel?

– Sim, Rodrigo. Ele é um amigo das horas mais difíceis. Logo receberá sua recompensa por tamanha dedicação e amor à causa nobre de nossa colônia.

– Sim, tudo é assim. É dando que se recebe.

– Verdade – diz Felipe, intrometendo-se na conversa.

– Vejam, há um tumulto na entrada da colônia. O que é aquilo, Gabriel?

– São os familiares dessas crianças que estão a esperá-las.

– Meu Deus, haja emoção! – diz Yara.

– Fique tranquila, Yara, que seu papel termina aqui. Você demonstrou superar todos os desafios. Agora é a hora da vitória. Parabéns! – diz Gabriel.

– Isso mesmo, Yara, parabéns por ter superado todos os desafios que lhe foram apresentados – diz Rodrigo.

– Obrigada a todos vocês por terem me ajudado.

Felipe aproxima seu cavalo à carruagem e sorri para sua mãe.

– Obrigada, meu filho! Sem suas preces jamais eu estaria aqui.

– Mamãe, eu te amo, lembre-se sempre disso.

– Sim, eu me lembro bem das suas últimas palavras.

– Tia Nina, onde estamos? – interrompe Emanuelle.

– Estamos chegando a uma cidade linda, onde todos vocês agora irão morar.

As crianças se entreolham como se não acreditassem que aquele lugar existe.

– Não fiquem assustadas. Lembrem-se do que eu sempre disse e prometi a vocês. Vocês se lembram?

– Sim, tia Yara.

– O que a tia Yara disse para vocês?

– Ela disse que se nos comportássemos, estudássemos e tirássemos boas notas, reencontraríamos nossos pais.

– Pois bem, olhem à frente e vejam: lá estão seus pais – diz Nina, emocionada.

– Podemos descer da carroça e irmos correndo até lá? – pergunta Fernando.

– Sim, meus queridos, vocês podem descer e correr ao encontro daqueles que estão lhes esperando há bastante tempo – diz Nina.

Yara puxa as rédeas dos cavalos, atrelados à carroça, permitindo que as crianças desçam. Logo todas estão correndo em direção aos portões da Colônia Amor & Caridade onde seus pais as aguardam, ansiosos.

Daniel está no portão principal junto aos pais e mães que aguardam ansiosos a chegada das crianças.

Nina, Felipe, Lucas, Sheila, Ernani, Rodrigo, o Índio e Gabriel ficam parados próximos, observando a cena que jamais se pode esquecer.

– Não chore, Nina – diz Felipe, aproximando-se.

– Olha quem me pede para não chorar.

Felipe está em lágrimas. Daniel se aproxima do grupo.

– Difícil não se emocionar, não é, Daniel? – diz Rodrigo.

– O que vocês estão presenciando é o resultado do amor de Deus por Seus filhos. Aqui se completa Sua obra. Aqueles que acham que quando se morre na Terra se morre para a eternidade agora podem ver que os encontros são reais.

– Lindo, Daniel, obrigada – diz Yara.

– Se todos os encarnados parassem um pouco para pensar, veriam que só o amor é possível ser carregado. Os outros sentimentos são escapes, purgatórios da alma. O amor não, o amor transcende aos planos espirituais elevando as almas às esferas sublimes da perfeição.

- Obrigada, Daniel, por suas palavras – diz Nina em lágrimas.

Todos ficam muito emocionados assistindo à cena em que os pais, ajoelhados, seguram seus filhos e comemoram a chegada à Colônia Amor & Caridade.

Após tanta emoção todos entram em Amor & Caridade.

A Excelsa Sabedoria

Após se despedirem das crianças, Nina e Rodrigo se dirigem ao gabinete de Daniel.

Rodrigo e Nina são recebidos na antessala do gabinete de Daniel onde Marques os aguarda, ansioso.

– Ainda bem que vocês chegaram! – diz Marques.

– Estamos todos de volta, Marques.

– Fiquei muito preocupado quando vi que Gabriel teve que sair para encontrar-se com vocês, eu não sabia o que estava acontecendo e isso me deixou muito assustado.

– Não foi nada demais, Marques; Gabriel foi nos auxiliar em um momento da viagem, foi só isso – diz Rodrigo.

– Eu sei, já estou acostumado a coisas assim aqui em nossa colônia. Fiquei, na verdade, impressionado com o amor dos pais e a paciência que eles tiveram em esperar por vocês.

– Vamos entrar, Daniel está lhes esperando – diz Marques abrindo a grande porta que dá acesso à ampla sala de Daniel.

– Olá, Nina. Como vai, Rodrigo? – diz Daniel levantando-se para cumprimentar os visitantes.

– Estamos bem, Daniel – diz Nina.

– Sentem-se – diz Daniel apontando duas confortáveis cadeiras colocadas à frente de sua mesa.

– Obrigada – diz Nina. – Daniel, posso lhe fazer uma pergunta? – diz ajeitando-se na confortável cadeira.

– Claro que sim, Nina.

– Eu gostaria muito de saber por que as coisas são tão diferentes? Por que aqui nós temos a felicidade e no Umbral, ou no Vale dos Suicidas ou até mesmo neste lugar novo que conhecemos, chamado educandário, as coisas são tão diferentes? Por que se assemelham tanto à vida na Terra?

– Nina, as coisas do lado de cá são muito parecidas com as coisas do lado de lá. Não existem coisas mirabolantes como os encarnados imaginam. Não existem cidades pitorescas, corpos diferentes, veículos fantasmagóricos, plantas excepcionais, enfim tudo aqui é muito parecido com as coisas da Terra.

As cidades são parecidas, as pessoas são parecidas, os veículos são parecidos, os móveis são parecidos, os imóveis são parecidos, a água é parecida, a comida é parecida, as doenças são parecidas, as formas são parecidas, enfim tudo se assemelha.

– Por que é assim, Daniel? – insiste a jovem.

Deus é perfeito, e sendo assim, Ele quer e deseja que Seus filhos não sofram mudanças bruscas, aquelas que não servem para nada. Tudo o que é de Deus está no tempo de Deus. Aprendemos com o tempo, nos modificamos com o tempo, nos transformamos com o tempo, enfim evoluímos com o tempo. À medida que o ser da Criação evolui, ele vai se descobrindo, aí coisas novas lhe serão apresentadas de acordo com sua condição moral.

– Entendi, Daniel, então de acordo com a nossa evolução Deus vai nos apresentando mundos novos, formas novas, tudo novo, é isso?

– Sim, Nina, é exatamente assim que os seres da Criação evoluem.

– Mas como explicar, por exemplo, o Bernardo que vimos ser um espírito poderoso, e que detém certo controle sobre a região em que vive lá no Umbral, não querer sair daquela região tenebrosa? Não querer evoluir?

– É simples e fácil de entender: ele fez sua escolha, ele decidiu que não quer evoluir e fica por lá se achando o todo-poderoso.

– Mas Daniel, me perdoe. Todos os seres da Criação não têm dentro de si uma mola que os impulsiona a seguir a evolução da humanidade? Isso não foi o que Deus colocou em todos os seus filhos para que se cumpra a Sua vontade?

– Sim, Nina, todos os seres têm dentro de si esse chamado evolutivo, porém alguns retardam essa evolução.

– E por que isso acontece? – pergunta Nina.

– Em primeiro lugar, Nina, esses espíritos estão colhendo os frutos de suas escolhas, que foram feitas em vidas anteriores; em segundo lugar, porque dentro do todo, todos têm uma função. Embora possa achar que Bernardo não quer evoluir e não vai evoluir, chegará o dia em que o amor divino tocará definitivamente seu coração e ele reagirá ao processo evolutivo positivamente; ele vai reagir à grande mola que impulsiona todos os seres da Criação à evolução definitiva.

Muitos dos encarnados hoje vivem de mau humor simplesmente porque tornam suas vidas um martírio de sofrimento e desamor. A depressão, em muitos casos, é a falta de amor à vida, tão linda e importante para o espírito. A tristeza nada mais é do que o desistir daquilo que se desconhece. Quando você acordar, ver e acreditar que tudo tem um porquê, que o tudo que já foi criado ou inventado tem um porquê dentro dessa engrenagem evolutiva, certamente você será a pessoa mais feliz do mundo. Você verá que sua vida tem um sentido, que tudo o que você já viveu teve um sentido e descobrirá que o que ainda lhe falta viver terá um objetivo.

É, meu nobre companheiro Rodrigo. Boa parte do aprendizado que acumulamos na vida não é oriundo das salas de aula, das palestras ou dos livros. É na vida que aprendemos de verdade, com o que acontece conforme as decisões que tomamos. Quando vocês se reuniram naquela aura escura e decidiram primeiramente socorrer um velho homem que estava sendo atacado por espíritos perversos, e logo depois decidiram resgatar aquelas crianças, ali vocês aprenderam a importância de ter iniciativa, de usufruir do livre-arbítrio que o Pai nos concedeu para exercer o bem e a caridade, embora muitos ainda insistam em utilizar o mesmo livre-arbítrio para exercer o mal, infelizmente. E acima de tudo vocês estavam unidos em um único propósito: socorrer almas sofridas. Almas que estavam necessitadas de ajuda, isso serviu para unir ainda mais o grupo.

– Estou sem palavras, Daniel. Estou impressionado.

Rodrigo realmente estava encantado com aquele momento e com aquele aprendizado. Daniel prosseguiu.

– Pois é, meu querido e estimado amigo. Foi por meio do aprendizado, que vocês adquiriram com aquelas situações ocorridas no Umbral, que vocês tomaram a decisão de trazer as crianças para a colônia. E tomaram a decisão correta. Vocês aprenderam que precisamos usufruir do nosso livre-arbítrio, principalmente quando tivermos a certeza na fé do Cristo de que estamos fazendo a coisa certa, o bem, a caridade maior, baseada no amor sublime pelo Pai e por tudo que Ele nos deixou e nos ensina. Todos os dias tens a oportunidade de fazer diferente, basta crer que quem criou os espíritos em sua semelhança, jamais abandona Seus filhos. Basta crer que o amor é o único sentimento que todos levarão para a vida eterna. Basta compreender e aprender a ouvir a voz que nunca se cala dentro das almas. Basta crer que somos eternos e que temos a eternidade para nos ajustarmos ao amor divino. Basta crer que nós, da Colônia Espiritual Amor & Caridade, temos um dever, e que nós cumpriremos as determinações das esferas superiores mesmo sabendo que muitos neste exato momento ainda são incapazes de compreender o amor de Deus. Que são incapazes de aceitar as transformações e as informações que chegam por meio das psicografias que conduzirão a humanidade por caminhos excelsos na grande jornada chamada evolução.

Emocionado, Rodrigo deixa correr em seus lindos olhos azuis lágrimas de gratidão e amor.

– Compreendi perfeitamente, Daniel – diz Nina em lágrimas.

Nina, guarde o que vou dizer agora para que lhe sirva de ensinamento pelo resto de sua existência:

"Tudo o que você viveu até este momento teve um propósito. Se foi ruim, esqueça; aproveite só o que foi e é útil até este momento. Se algo ou alguma coisa foi e está sendo

bom, dê valor. Não tenha medo do que você ainda não conhece. Ame, ore e viva intensamente as coisas de Deus.

Mas nunca se esqueça: quem te criou te ama profundamente. E todas as coisas d'Ele em sua vida têm um propósito e um significado."

– Lindo, Daniel, obrigada.

Todos se abraçam em alegria e amor.

– Antes de terminarmos nossa reunião, quero convidá-los a ir comigo até a ala das crianças para que eu possa lhes mostrar uma coisa.

– O que será desta vez, Daniel?

– Calma, Nina! Tenho certeza que você ficará muito feliz. Venham, vamos até a ala das crianças.

Nina, Rodrigo e Daniel se dirigem à ala das crianças. Emocionada, Nina mal consegue caminhar.

– O que houve, Nina?

– Nada, Rodrigo. Só estou emocionada.

– Fique calma, querida – diz Daniel.

Logo eles chegam ao local.

As crianças estão brincando. Há um jardim com flores amarelas. E Mariah, ao perceber a chegada de Nina, corre até o jardim e retira uma flor que deseja lhe entregar.

– Olhe, Nina! Mariah está colhendo uma flor do jardim, provavelmente ela vai trazê-la para você – diz Rodrigo.

– Vamos nos sentar? – sugere Daniel.

– Sim.

Rodrigo, Nina e Daniel sentam-se em um banco de madeira pintado de branco que fica na parte interna no pequeno jardim.

Felipe surge de mãos dadas com Nicolas que vem seguido por Soraya logo atrás de ambos. Nina se emociona e sorri. Rodrigo fica quieto e olha para Daniel que disfarça um sorriso.

Nicolas corre ao encontro de Mariah, que nem percebe, e só se dá conta que seu irmão chegou após receber um forte abraço.

Todos sorriem felizes com os acontecimentos.

Soraya fica ao lado de Felipe e assiste a tudo, emocionada.

Nina chora abraçada a Felipe.

– Daniel, como você conseguiu trazer Soraya e Nicolas de volta se nem ao menos eu consegui conversar sobre isso com você? – diz Rodrigo.

– Rodrigo, quando vocês se decidiram por trazer as crianças para cá nossa Mentora espiritual intercedeu nas esferas superiores por todos. E assim a misericórdia divina

se fez presente, e por incrível que pareça uma simples decisão pode transformar muita coisa.

– Quer dizer que quando decidimos pelo bem maior
tudo pode se transformar?

– Quando você decide por um bem maior tudo se transforma.

– Obrigado, Deus! – diz Rodrigo, emocionado.

Nina olha para Soraya e Rodrigo e sorri. Dentro de seu
peito há uma felicidade que só quando compreendemos
que o amor supera qualquer barreira pode realmente nos
tornar seres felizes.

Fim

Outros títulos lançados por Osmar Barbosa

Conheça outros livros psicografados por Osmar Barbosa.
Procure nas melhores livrarias do ramo ou pelos sites de vendas na internet.

Acesse o site
www.bookespirita.com.br

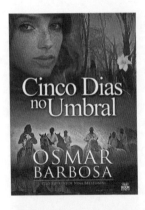

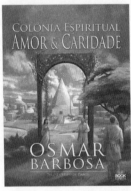
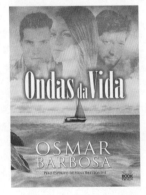

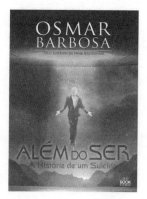
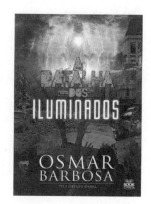
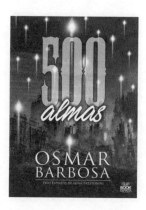

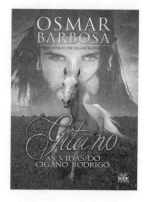
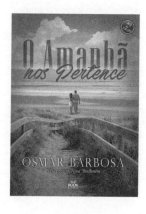

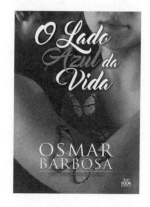

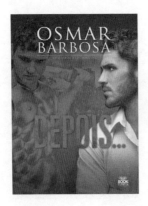

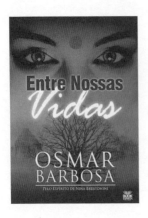

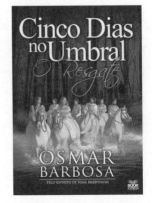

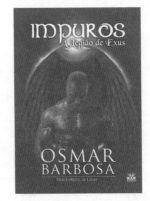

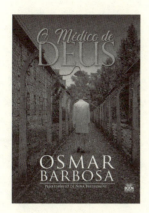

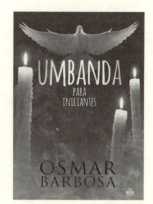

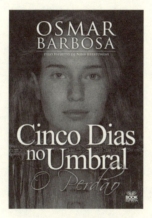
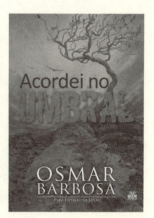

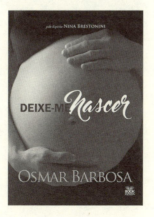

Esta obra foi composta na fonte Century751 No2 BT, corpo 13.
Rio de Janeiro, Brasil.